BEI GRIN MACHT SICH IHR
WISSEN BEZAHLT

- Wir veröffentlichen Ihre Hausarbeit,
  Bachelor- und Masterarbeit

- Ihr eigenes eBook und Buch -
  weltweit in allen wichtigen Shops

- Verdienen Sie an jedem Verkauf

Jetzt bei www.GRIN.com hochladen
und kostenlos publizieren

Christian Geyer

Aus der Reihe: e-fellows.net stipendiaten-wissen

e-fellows.net (Hrsg.)

Band 1181

"Working Capital Management". Optimierungsmöglich-keiten und Einflüsse auf EVA und "Free Cashflow"

GRIN Verlag

Bibliografische Information der Deutschen Nationalbibliothek:

Die Deutsche Bibliothek verzeichnet diese Publikation in der Deutschen National-
bibliografie; detaillierte bibliografische Daten sind im Internet über http://dnb.d-
nb.de/ abrufbar.

Impressum:

Copyright © 2015 GRIN Verlag GmbH
Druck und Bindung: Books on Demand GmbH, Norderstedt Germany
ISBN: 978-3-656-95035-6

Dieses Buch bei GRIN:

http://www.grin.com/de/e-book/298585/working-capital-management-optimierungs-
moeglichkeiten-und-einfluesse

GRIN - Your knowledge has value

Der GRIN Verlag publiziert seit 1998 wissenschaftliche Arbeiten von Studenten, Hochschullehrern und anderen Akademikern als eBook und gedrucktes Buch. Die Verlagswebsite www.grin.com ist die ideale Plattform zur Veröffentlichung von Hausarbeiten, Abschlussarbeiten, wissenschaftlichen Aufsätzen, Dissertationen und Fachbüchern.

Besuchen Sie uns im Internet:

http://www.grin.com/

http://www.facebook.com/grincom

http://www.twitter.com/grin_com

Welche Optimierungsmöglichkeiten und Einflüsse auf den EVA sowie den Free Cashflow bietet ein aktiv geführtes Working Capital Management für Unternehmen?

Bachelorarbeit zur
Erlangung des akademischen Grades
„Bachelor of Arts (B.A.)"

an der

Technische Hochschule Nürnberg
Georg Simon Ohm

Fakultät Betriebswirtschaft

Eingereicht von: Christian Geyer

Erlangen, den 13. Januar 2015

Inhaltsverzeichnis

Abbildungsverzeichnis

Abkürzungsverzeichnis

ABS	Asset-Backed-Securities
CE	Capital employed
CF	Cashflow
CCCT	Cash-Conversion-Cycle-Time
DIO	Days-Inventory-Outstanding
DPO	Days-Payable-Outstanding
DSO	Days-Sales-Outstanding
EBIT	Earnings before interests and taxes
EBITDA	Earnings before interests, taxes, depreciation and amortisation
EBT	Earnings before taxes
FCF	Free Cashflow
FK-Quote	Fremdkapitalquote
GuV	Gewinn- und Verlustrechnung
HGB	Handelsgesetzbuch
NOA	Net operating assets
NOPAT	Net operating profit after taxes
NWC	Net working capital
SCM	Supply Chain Management
UV	Umlaufvermögen
VMI	Vendor-Managed-Inventory
WACC	Weighted Average Cost of Capital
WCM	Working Capital Management

1. Einleitung

Durch die vielen Zahlungsunfähigkeiten im Zuge der Finanzkrise 2007-2009 wurden die Forderungen an Unternehmen nach höheren Liquiditätsreserven immer größer. Ein positiver Cashflow (CF) stellt längerfristig gesehen sicher, dass ein Unternehmen seine Verbindlichkeiten fristgerecht begleichen kann. Ein negativer CF hingegen könnte das Unternehmen in Zahlungsschwierigkeiten bringen. Die hohe Bedeutung des Working Capital Managements (WCM) spiegelt sich in einer Umfrage der KPMG (2008) bei deutschen Unternehmen im Bereich des Anlagen- und Maschinenbaus dar. Über 95 % der befragten Unternehmen stufen das WCM als wichtig oder sehr wichtig ein.[1]

Deutsche Unternehmen haben eine durchschnittliche Kapitalbindung in Höhe von 56 Tagen (Großunternehmen) bis 61 Tagen (Mittelständler).[2]

Im Vergleich dazu beträgt die durchschnittliche Kapitalbindung in Europa 69,1 Tage (2012) und im United Kingdom 43,7 Tage (2012).[3]

Durch ein starkes Wirtschaftswachstum vor allem im mittelständischen Bereich und die dadurch begleitete Wachstumsfinanzierung sind die Unternehmen gezwungen sich noch stärker auf das WCM zu fokussieren, um sich den künftigen Herausforderungen stellen zu können. Allein im deutschen Mittelstand besteht ein Liquiditätsfreisetzungspotential von 87 Milliarden Euro durch ein aktives WCM.[4]

In dieser wissenschaftlichen Arbeit wird zuerst ein Überblick über das WCM gegeben und anschließend auf die Cash Conversion Cycle Time (CCCT) eingegangen. Im Anschluss erfolgt eine Erläuterung der verschiedenen Möglichkeiten zur Optimierung und Reduzierung der Working Capital Positionen und zum Schluss werden deren Effekte auf den Economic Value Added sowie den Free Cashflow aufgezeigt.

---

[1] Vgl. KPMG (2008)
[2] Vgl. Roland Berger (2013)
[3] Vgl. Deloitte (2013)
[4] Vgl. Roland Berger, Creditreform (2013)

2. Gegenstand des Working Capital und des Managements

Ein wesentliches Ziel vor allem für kapitalmarktorientierte Unternehmen ist die Steigerung des Unternehmenswertes des Shareholder Values. Durch ein aktives WCM kann die Kapitalbindungsdauer signifikant gesenkt werden. Dies führt zu einer Reduzierung des Umlaufvermögens (UV), Verbesserung der Cashflow Position und letztendlich zu einem höheren Unternehmenswert. Durch das gesunkene UV besteht ein geringer Fremdkapitalbedarf, wodurch eine geringere Fremdkapitalquote (FK-Quote) und somit weniger Einfluss durch Dritte erreicht wird.[5]

In der Literatur gibt es zwei unterschiedliche Sichtweisen, welche Positionen das WC umfasst.

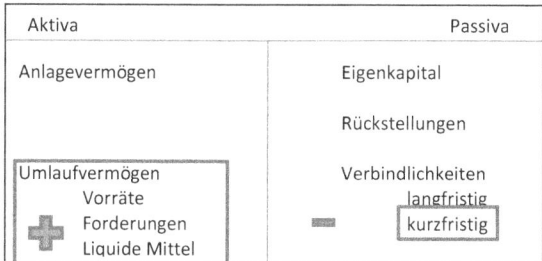

Abbildung 1: Working Capital nach der weitesten Definition
Quelle: Eigene Darstellung in Anlehnung an Klepzig (2014) S. 7

Das WC gemäß der weitesten Definition berechnet sich aus dem Umlaufvermögen abzüglich der kurzfristen Verbindlichkeiten (siehe Abbildung 1).[6]

---

[5] Vgl. Wildemann (2010) S.9 ff.
[6] Vgl. Klepzig (2014) S.6 f.

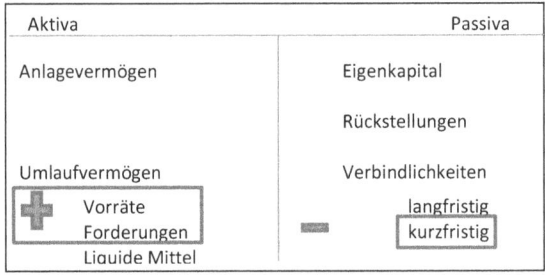

Abbildung 2: Working Capital engste Definition
Quelle: Eigene Darstellung

Gemäß der engsten Definition (siehe Abbildung 2) berechnet sich das WC aus den Vorräten, addiert um Forderungen abzüglich der kurzfristigen Verbindlichkeiten. Häufig wird das WC gemäß der ersten Definition Gross Working Capital genannt und das WC der zweiten Definition Net Working Capital (NWC). In der Praxis hat sich auf Grund der größeren Einflussnahme der Positionen eher das NWC (Nettoumlaufvermögen) durchgesetzt und wird häufiger verwendet.[7]

Geht man nun beispielsweise davon aus, dass ein Unternehmen Vorräte in Höhe von 200 €, Forderungen in Höhe von 300 €, kurzfristige Verbindlichkeiten (VE) von 200 € und langfristige VE von 700€ besitzt, so errechnet sich ein WC von 200 € +300 € - 200 € = 300 €. Dies bedeutet, dass unser WC hoch genug ist, um unsere kurzfristigen VE und sogar ein Teil der langfristigen VE zu decken.

Im umgekehrten Fall, beispielsweise mit Vorräten von 100 €, Forderungen von 150 €, kurzfristige VE in der Höhe von 400€ und langfristige VE von 700 €, ergibt sich ein WC in Höhe von 100 € + 150 € - 400 € = -150 €. Dies bedeutet, dass ein Teil des WC langfristig finanziert ist und mittelfristig besteht die Gefahr eines Liquiditätsengpasses. Es wird also ein positives WC angestrebt, das sich nach oben hin in einem angemessenen Rahmen befinden sollte, da Vorräte und Forderungen nicht verzinsliche Bilanzpositionen sind.

Eine Kennzahl zur Beurteilung der WC-Position ist die Working Capital Ratio. Diese berechnet sich wie folgt:[8]

$$Working\ Capital\ Ratio\ 1 = \frac{Umlaufvermögen}{kurzfristige\ Verbindlichkeiten} \times 100\ \%$$

---

[7] Vgl. Mehta (1974 und 1981) zitiert nach Meyer (2007) S.25 f.
[8] Vgl. Controllingportal

Dieser Wert sollte über 100 % liegen, um nicht in einen Liquiditätsengpass zu geraten.[9]

Ein wesentliches Problem in der Praxis zur Reduzierung der WC-Positionen liegt an den konkurrierenden Zielvorgaben der Querschnittsabteilungen Einkauf, Produktion und Logistik. Die Logistikabteilung sollte die Bestände möglichst gering halten, mit gleichzeitig positiven Auswirkungen auf das WC. Der Einkauf soll gleichzeitig möglichst geringe Einkaufspreise erzielen, vor allem erreichbar durch hohe Stückzahlen. Die Kunst besteht darin, eine zielführende Abstimmung zwischen den Querschnittsabteilungen zu erreichen.[10]

Eine weitere Problematik ist die Verantwortung in Unternehmen für bestimmte Funktionsbereiche. Das Management ist überwiegend für große Investitionssummen verantwortlich. Diese Investitionen finden sich häufig im Anlagevermögen wieder. Der Einkaufs- und Produktionsleiter ist für das Vorratsvermögen verantwortlich, der Vertrieb inklusive des Rechnungswesens verantwortet die Forderungen. [11] Beim aktiven WCM geht es darum, eine Reduktion der Forderungen unter anderem durch kurze Zahlungsziele und ein konsequentes Mahnwesen zu erreichen. Weiterhin wird versucht, die Bestände durch ein Supply Chain Management (SCM) und eine Optimierung der Produktionsprozesse zu verringern. Zu guter Letzt werden die Verbindlichkeiten gegenüber Lieferanten möglichst hoch gehalten, um einen frühzeitigen Liquiditätsabfluss zu verhindern, damit das Kapital länger und für Investition zur Verfügung steht.

Setzt man diese Schritte erfolgreich um, verringert sich die durchschnittliche Kapitalbindung und weniger Kapitalbindungskosten fallen an.

Das nächste Kapitel geht auf die Bedeutung der Cash-Conversion-Cycle-Time ein und veranschaulicht anhand von Statistiken den derzeitigen Stand.

---

[9] Vgl. Controllingportal
[10] Vgl. Wildemann (2010) S. 22.
[11] Vgl. Klepzig (2014) S. 18 f.

3. Cash-Conversion-Cycle-Time

Die CCCT, auch Cash-to-Cash-Cycle genannt, ist eine weitere Möglichkeit, um das WCM zu beurteilen. Wie in Abbildung 3 ersichtlich, gibt die CCCT die Kapitalbindungsdauer wieder, indem sie die Zeit von dem Zahlungsausgang der beschafften Teilen bis zum Zahlungseingang von Kundenlieferungen errechnet.[12]

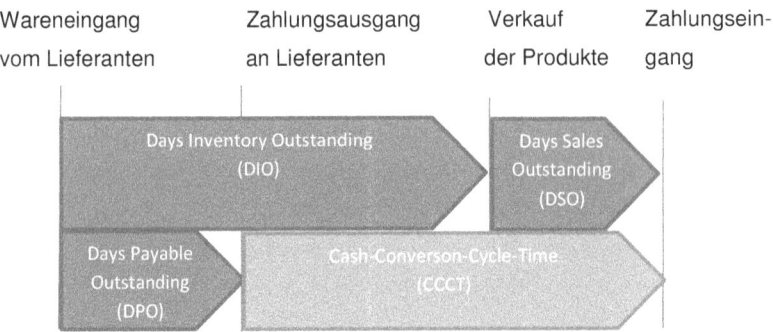

Abbildung 3: Cash-Conversion-Cycle-Time
Quelle: Eigene Darstellung in Anlehnung an Hofmann et al. (2011) S. 18.

Diese Kennzahlen werden häufig als Vergleichskennzahlen zwischen einzelnen Unternehmen verwendet und dienen der Leistungsbeurteilung des Working Capital Managements der jeweiligen Unternehmen.[13]

Die Cash-Conversion-Cycle-Time errechnet sich folgendermaßen:

$$\text{Cash Conversion Cycle Time} = \text{DIO} + \text{DSO} - \text{DPO}$$

DIO gibt die durchschnittliche Vorratshaltung bis zum Verkauf an den Kunden an. DSO bezeichnet die Forderungslaufzeit. Das heißt, sie gibt an, nach wie vielen Tagen die Kunden im Durchschnitt ihre Rechnung begleichen. DPO zeigt, nach wie vielen Tagen im Durchschnitt Rechnungen an die Lieferanten beglichen werden. Es handelt sich hierbei um die Verbindlichkeitenreichweite.[14]

---

[12] Vgl. Hofmann et al. (2011) S. 18.
[13] Vgl. Klepzig (2014) S. 58 f.
[14] Vgl. ebd., S. 65.

Daraus folgen die Formeln zur Berechnung der jeweiligen Positionen auf Jahresbasis:[15]

$$DIO = \frac{Vorräte}{Umsatz} \times 365$$

$$DSO = \frac{Forderungen}{Umsatz} \times 365$$

$$DPO = \frac{Verbindlichkeiten}{Umsatz} \times 365$$

Basierend auf einer Studie von Roland Berger aus dem Jahre 2012 lässt sich ein großer Unterschied der Cash-Conversion-Cycle-Time zwischen den verschiedenen Branchen erkennen (siehe Abbildung 4).

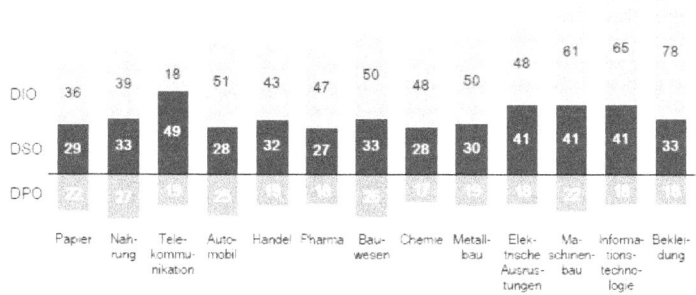

Abbildung 4: CCCT verschiedener Branchen
Quelle: Studie von Roland Berger 2013

Die kürzeste CCCT hat nach Abbildung 4 die Papierindustrie mit 43 Tagen, die längste CCCT findet sich in der Bekleidungsindustrie mit 93 Tagen.

---

[15] Vgl. Klepzig (2014) S. 59 f.

Des Weiteren lässt sich erkennen, dass im Gesamtdurchschnitt die Kunden ihre Forderungen nach 35 Tagen begleichen. Im Gegensatz hierzu beträgt die Verbindlichkeitenreichweite 21 Tage.

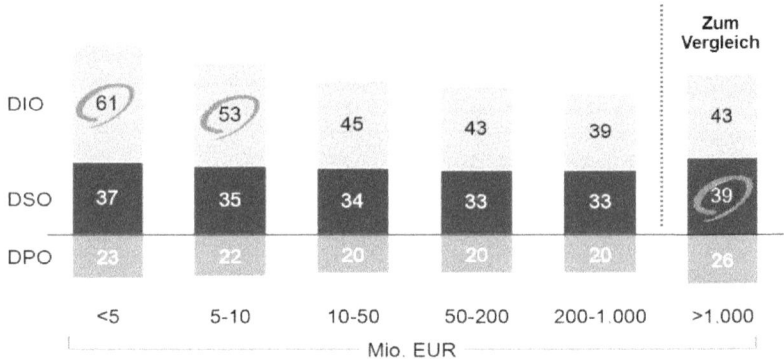

Abbildung 5: CCCT nach Unternehmensgröße
Quelle: Studie von Roland Berger 2013

Betrachtet man nun die in der Studie veröffentlichen CCCT anhand verschiedener Unternehmensgrößen, so stellt sich heraus, dass sich mit steigender Unternehmensgröße die CCCT verkürzt (siehe Abbildung 5).

Zuerst erfolgt eine Einteilung in Klein-, Mittel- und Großunternehmen. Gemäß Handelsgesetzbuch (HGB) haben Kleinunternehmen Umsatzerlöse unter 9.680.000 Euro pro Jahr, mittelgroße Unternehmen Umsätze zwischen 9.681.000 Euro und 38.500.000 Euro pro Jahr. Die Umsatzerlöse von Großunternehmen liegen folglich über 38.500.000 Euro jährlich.[16]

Zur besseren Handhabung werden in Abbildung 5 Kleinunternehmen bis 10.000.000 Euro Umsatz und Mittelständler von 10.000.000 bis 50.000.000 Euro Umsatz kategorisiert. Demnach haben Kleinunternehmen eine durchschnittliche CCCT von 71 Tagen, Mittelständler von 59 Tagen und Großunternehmen von 55 Tagen.

Vor allem Kleinunternehmen besitzen noch ein erhebliches Potential Liquidität mittels aktiven Bestandsmanagements freizusetzen. Weiterhin fällt auf, dass die

---

[16] Vgl. Handelsgesetzbuch §267 Abs. I Nr. 2, Abs. 2 Nr. 2, Abs. 3 Satz 1.

Unternehmen über alle Größen hinweg die Verbindlichkeiten deutlich schneller begleichen als sie ausstehenden Forderungen bekommen.

4. Instrumente des Working-Capital-Managements

In Kapitel 4 wird auf die unterschiedlichen Möglichkeiten zur Optimierung und Reduzierung der Working Capital Positionen eingegangen

4.1 Bestandsmanagement zur Optimierung des Working Capital

Das Bestandsmanagement ist eines der drei zentralen Hebel im WCM. Gemäß dem Bilanzgliederungsschema für große und mittelgroße Kapitalgesellschaften gehören die Positionen Roh-, Hilfs- und Betriebsstoffe, unfertige Erzeugnisse, fertige Erzeugnisse und geleistete Anzahlungen zu den Vorräten.[17]

Der Posten geleistete Anzahlungen wird jedoch im späteren Kapitel Verbindlichkeitsmanagement (Kapitel 4.3) behandelt.

Bei einem effektiven Bestandsmanagement ist von großer Bedeutung, dass nicht nur die Lagerkosten sondern auch die vorgelagerten Kosten, wie z. B. der Preis des Gutes oder die Lieferkosten, betrachtet werden. Hierfür eignet sich der Total-Cost-Of-Ownership-Ansatz, welcher auf die Optimierung der gesamten Lieferkette fokussiert.[18]

Als erstes werden im Kapitel 4.1.1 die Möglichkeiten zu einer bedarfsgerechteren Produktion erläutert.

---

[17] Vgl. Handelsgesetzbuch §266 Abs. 2.
[18] Vgl. Heß (2010) S. 114 f.

4.1.1 Bedarfsgerechte Produktion

4.1.1.1 Methoden zur Primärbedarfsermittlung

Es lassen sich zwei Arten von Produktionen unterscheiden: die auftragsbezogene Fertigung bezieht sich auf existierende Aufträge und Bestellungen, während die kundenanonyme Fertigung auf den folgenden Prognoseverfahren aufbaut. Der erste Schritt zu einer bedarfsgerechten Produktion ist die Absatzplanung (Primärbedarfsplanung), wofür qualitative und quantitative Prognoseverfahren zum Einsatz kommen.[19]

4.1.1.1.1 Qualitative Prognoseverfahren zur Primärbedarfsermittlung

Diese Verfahren finden vor allem bei fehlenden Vergangenheitswerten Anwendung. Die erste Möglichkeit ist, durch den direkten Kontakt der Vertriebsmitarbeiter zu den Kunden eine Prognose der zukünftigen Nachfrage gemeinsam zu erstellen. Die zweite Möglichkeit ist die Befragung der Kunden anhand eines vordefinierten Fragenkataloges. Hierbei muss beachtet werden, dass eine repräsentative Stichprobe ausgewählt wird, um relevante Daten zu erlangen. Die letzte Möglichkeit ist die Expertenprognose. Durch das Expertenwissen soll eine möglichst akkurate Prognose erfolgen.[20]

4.1.1.1.2 Quantitative Prognoseverfahren zur Primärbedarfsermittlung

Quantitative Prognosemodelle basieren auf vorliegenden Vergangenheitswerten. Bei annähernd konstanter Nachfrage eignet sich der gleitende Mittelwert am besten. Aufbauend auf den vergangenen Absatzzahlen wird ein durchschnittlicher Wert für die zukünftigen Perioden gebildet.[21]

---

[19] Vgl. Kiener et al. (2009) S. 164.
[20] Vgl. ebd., S. 164 f.
[21] Vgl. ebd., S. 165 f.

$$y\,t + 1 = \frac{1}{T} \times \sum_{\tau=t-T+1}^{t} y$$

T= Anzahl der Perioden

Y = Materialbedarf

Weitere Verfahren zur Bestimmung der zukünftigen Nachfrage sind z. B. die lineare Regression, um eine längerfristige Prognose zu erstellen, die Zeitreihendekomposition, häufig angewandt bei saisonal schwankendem Absatz, und schließlich exponentielles Glätten, um Gewichtungen einzelner Perioden zu berücksichtigen.[22]

4.1.1.2 Methoden zur Sekundärbedarfsermittlung

Die Sekundärbedarfsermittlung baut direkt auf der Primärbedarfsermittlung auf. Hierbei werden alle Werkstoffe oder Komponenten geplant, welche in das Fertigerzeugnis einfließen. Die zwei Arten zur Ermittlung der Bedarfe sind die verbrauchs- oder programmorientierten Verfahren.[23]
Während die Bedarfe bei den verbrauchsorientierten Verfahren anhand von Vergangenheitswerten geschätzt werden, werden die benötigten Bestandteile bei den programmorientierten Verfahren exakt berechnet. Hierfür muss detailliert bekannt sein, welches Bauteil in welcher Menge erforderlich ist. Diese Informationen erhält man aus den Stücklisten für jedes Endprodukt. Anschließend werden die ermittelten Bedarfe je Produkt mit dem Ergebnis der Primärbedarfsermittlung multipliziert, um den Bruttosekundärbedarf zu erhalten.[24] Sinnvoll ist es, mittels einer ABC-Analyse die Bauteile hinsichtlich ihrer Wertigkeit einzuteilen. Wie sich oftmals herausstellt, machen die A-Teile nur 20 % der mengenmäßigen Bauteile, aber 80 % des finanziellen Wertes aus, die nächsten 10 % der mengenmäßigen Bauteile (B-Teile) ergeben einen zusätzlichen Wert von 15 % und die restlichen

---

[22] Vgl. Buzacott et al. (2010) S. 34-45.
[23] Vgl. Kiener et al. (2009) S. 197.
[24] Vgl. Buzacott et al. (2010) S. 62.

mengenmäßigen 70 % (C-Teile) machen nur noch rund 5 % des Wertes der Teile aus. Wegen der geringen Wertmäßigkeit steht der Aufwand für eine programmorientierte Planung bei B und C-Teilen deutlich über dem Nutzen. B und C-Teile werden deswegen über die Vergangenheitswerte geschätzt (verbrauchsorientierte Verfahren). Bei den hochwertigen A-Teilen wird eine programmorientierte Bedarfsermittlung durchgeführt, um die Lagerbestände und somit die Lagerkosten möglichst gering zu halten.[25] Häufig besitzt das Unternehmen bereits einige Rohstoffe auf Lager, weshalb nicht der gesamte Bruttobedarf beschafft werden muss. Ausschlaggebend ist hierfür dann der Nettosekundärbedarf. [26]

$$Nettosekundärbedarf = Bruttosekundärbedarf + Zugänge - Lagerbestand$$

4.1.1.3 Statische Verfahren zur Losgrößenoptimierung

Bei der Losgrößenplanung werden die zu beschaffenden Mengen festgelegt. Unter Bestellmenge versteht man die in einem Bestellvorgang bestellte Menge. Die Losgröße ist die Menge, die in einem Produktionsschritt gefertigt wird, ohne umrüsten zu müssen.[27]

Um eine möglichst kostenoptimale Losgröße zu planen, müssen alle anfallenden Kosten (Rüstkosten, Lagerhaltungskosten, Fehlmengenkosten) berücksichtigt werden. Rüstkosten beinhalten unter anderem die Vorbereitung der Maschinen oder die Bereitstellung von Werkzeugen. Direkte Rüstkosten fallen unmittelbar beim Rüsten an (z. B. Personalkosten), während indirekte Rüstkosten durch einen Kapazitätsausfall durch das Rüsten der Maschine oder Anlage anfallen. Lagerhaltungskosten ergeben sich aus Kapitalbindungskosten und der Kosten für die Räumlichkeiten. Für die Kapitalbindungskosten wird ein kalkulatorischer Zinssatz basierend auf Erfahrungswerten verwendet. Fehlmengenkosten entstehen aufgrund benötigter, aber nicht vorhandener Materialien. Aufgrund der schwierigen Bestimmbarkeit z. B. von entgangenen Gewinnen oder Vertragsstrafen gegenüber Kunden durch verspätete Lieferungen bleiben diese Kosten häufig un-

---

[25] Vgl. Kiener et al. (2009) S. 198-206.
[26] Vgl. ebd., S. 203 ff.
[27] Vgl. Buzacott et al. (2010) S. 71.

berücksichtigt. Wichtig bei der Bestimmung der optimalen Losgröße ist die ganzheitliche Betrachtung der Gesamtkosten. Durch eine hohe Losgröße reduzieren sich zwar die Rüstkosten erheblich, gleichzeitig steigen dafür die Lagerkosten entsprechend.[28]

Statische Verfahren bilden die Realität allerdings nur bedingt ab, werden aber dennoch häufig verwendet. Folgende Annahmen sind zur Anwendung statischer Verfahren zu treffen:

- Einproduktmodell

- Konstanter Verbrauch, Qualität und Losgrößen unabhängiger variablen Kosten

- Fehlmengen nicht vorhanden

- Lagerauffüllung sofort möglich

Dadurch gilt als durchschnittlicher Lagerbestand die halbe Losgröße.[29]
Daraus ergibt sich folgende Gesamtkostenfunktion:

$$K = K_H + K_R + K_{LA}$$

Kosten der Herstellung $\qquad K_H = k_h \times B$

Kosten der Lagerhaltung $\qquad K_{LA} = \dfrac{x\,Losgröße}{2} \times k_{LA}$

Kosten der Umrüstung $\qquad K_R = \dfrac{B}{x_{Losgröße}} \times k_R$

B = Bedarf der Periode

k_H = Herstellkosten/Stück

k_{LA} = Lagerhaltungskosten/Stück

k_R = Rüstkosten je Los

$x_{Losgröße}$ = Losgröße

---

[28] Vgl. Buzacott et al. (2010) S. 72 ff.
[29] Vgl. ebd., S. 75 f.

Durch Ableiten dieser Funktionen nach $x_{Losgröße}$ ergibt sich die Andlersche Losgrößenfunktion:[30]

$$x_{Losgröße} = \sqrt{\frac{2 \times B \times k_R}{k_{LA}}}$$

4.1.1.4 Dynamische Verfahren zur Losgrößenoptimierung

Dem Problem der konstanten Verbräuche als Voraussetzung wirken die dynamischen Verfahren der optimalen Losgröße entgegen. Diese Verfahren berücksichtigen Bedarfsschwankungen der Perioden. Hierzu stehen die Verfahren der gleitenden wirtschaftlichen Losgröße, Kostenausgleichsverfahren, Silver-Meal-Heuristik und der Wagner-Whitin-Algorithmus zur Verfügung.[31]
Um den Rahmen dieser wissenschaftlichen Arbeit nicht zu sprengen, wird nur auf die gleitende wirtschaftliche Losgröße als Verfahren zur Losgrößenbestimmung eingegangen.
Mit diesem Verfahren sollen die Bedarfe der nächsten Perioden ermittelt und gedeckt werden. Die anfallenden Kosten lassen sich wie folgt ermitteln:[32]

$$K_{p,t*} = \frac{k_R + k_{LA} \times \sum_{t=p}^{t*}(t-p) \times b_t}{\sum_{t=p}^{t*} b_t}$$

k_R = Rüstkosten je Los

k_{LA} = Lagerhaltungskosten/Stück

b_t = Nettobedarf der Periode

Im Folgenden werden auf die unterschiedlichen Möglichkeiten zur Optimierung und Reduzierung der Bestände durch den Einkauf eingegangen.

---

[30] Vgl. Buzacott et al. (2010) S. 76 f.
[31] Vgl. Kiener et al. (2009) S. 226-232.
[32] Vgl. ebd., S. 227.

4.1.2 Instrumente des Einkaufs

Der Einkauf nimmt eine immer größer werdende Bedeutung in den Unternehmen ein. Durch die Konzentration auf Kernkompetenzen und Outsourcing beträgt der Materialkostenanteil in den meisten Branchen über 50 % der Gesamtkosten. Daher kann der Einkauf bei der Reduzierung der Kosten eine bedeutende Rolle spielen. Zu den Zielen des Einkaufes gehört die bedarfsgerechte Beschaffung der Inputfaktoren für die Produktion sowie möglichst geringe Anschaffungs- und Lagerhaltungskosten.[33]

4.1.2.1 Bedarfsbündelung zur Einkaufsoptimierung

Soweit wie möglich sollten die Bedarfe auf Unternehmensebene gebündelt, anstatt dezentral beschafft zu werden.[34] Allerdings macht es wenig Sinn, die Produktionsmaterialien für ein ganzes Jahr zu bestellen, da die Lagerhaltungskosten in die Höhe steigen. In größeren Mengen beschafft werden sollten die klassischen C-Teile, welche nur einen geringen wertmäßigen Anteil ausmachen. Durch eine Bedarfsbündelung ergeben sich meistens Vorteile durch eine Stückkostendegression beim Lieferanten, wodurch sich seine Fixkosten auf eine größere Menge verteilen (Fixkostendegression), oder durch die gesteigerte Einkaufsmacht durch eine größere Bestellmenge. Diese Macht kann genutzt werden, um günstigere Preise beim Lieferanten durchzusetzen.[35]

4.1.2.2 Single, Dual und Multiple Sourcing zur Kostenoptimierung

Durch die oben beschriebene Bedarfsbündelung auf einen Lieferanten (Single Sourcing) wird versucht über die Fixkostendegression Kostenvorteile zu erhalten. Diese Single Sourcing Strategie kann sich für ein Unternehmen zu einem Nachteil wandeln, wenn der Lieferant seine gesteigerte Lieferantenmacht zu seinem

---

[33] Vgl. Krampf (2012) S. 2 ff.
[34] Vgl. Heß (2010) S. 191 f.
[35] Vgl. ebd., S. 192.

Vorteil nutzt und Preissteigerungen durchsetzen möchte.[36] Single Sourcing ist also nur dann sinnvoll, wenn eine langfriste Geschäftsbeziehung angestrebt wird und sich die Unternehmen miteinander abstimmen können und eventuell in die jeweiligen ERP-Systeme integriert werden können, um die Planungsgenauigkeit für beide Seiten zu erhöhen. Durch das Single Sourcing erzielte Preiseinsparungen beim Lieferanten können die Produkte günstiger an Endkunden verkauft werden.[37]

Beim Dual Sourcing werden hingegen Materialien von zwei Lieferanten bezogen. Der Vorteil hierbei ist die Konkurrenz zwischen diesen. Der günstigere Lieferant erhält somit einen höheren Anteil an Bestellmengen als der etwas teurere Lieferant. Vor allem die Beziehung von teuren und wichtigen A-Teilen sollte auf zwei Lieferanten aufgeteilt werden, nicht nur um günstigere Preise zu erzielen, sondern auch um eine höhere Versorgungssicherheit zu gewährleisten, um Lieferengpässe und somit Vertragsstrafen zu vermeiden.[38]

Die letzte Möglichkeit wäre das Multiple Sourcing, bei dem Waren von mehreren Lieferanten bezogen werden, die zueinander in Konkurrenz stehen. Allerdings stehen den möglichen günstigeren Preisen hohe Transaktions- und Beschaffungskosten entgegen. Am besten geeignet für diese Art von Beschaffung sind die klassischen C-Teile, wie zum Beispiel Schrauben, Muttern oder Büromaterial, welche einen geringen Wert besitzen und in größerer Stückzahl beschafft werden können. Dadurch, dass es sich um standardisierte Teile handelt, können mehrere Lieferanten den Bedarf decken.[39]

4.1.2.3 Just-in-Time-Konzept zur Bestandsreduktion

Eine weitere gute Möglichkeit zur Reduzierung der Bestände sowie zur Fertigungsdurchlaufzeitverkürzung ist das Just-in-Time-Konzept. Hierbei werden nur so viele Materialen und Teile beschafft und produziert, wie tatsächlich benötigt werden. Es soll das Material in der richtigen Menge und Qualität, zum richtigen

---

[36] Vgl. Krampf (2012) S. 29 f.
[37] Vgl. Arndt (2010) S. 158 f.
[38] Vgl. Wannenwetsch (2007) S. 149 f.
[39] Vgl. ebd., S. 150 f.

Zeitpunkt und am richtigen Ort vorhanden sein.[40] Durch eine Integration des relevanten Informationsflusses beider Unternehmen fallen die Zwischenlager in der Produktion weg.[41]

Die Einführung eines Just-in-Time-Konzepts ist mit einem hohen zeitlichen und finanziellen Aufwand verbunden, weshalb diese Vorgehensweise nur bei einer langfristigen Lieferantenbeziehung sinnvoll scheint. Weiterhin sollte die Lieferantenzahl reduziert werden und Lieferanten ausgewählt werden, die sich in der Nähe des Produktionsstandortes befinden, um möglichst kurze Lieferzeiten und geringe Transportkosten zu verwirklichen.[42]

Weitere Voraussetzungen sind zum Beispiel:[43]

- langfristig nachgefragte Teile (bedingt durch den hohen organisatorischen Aufwand),

- wertintensive Teile (A-Teile, um eine größtmögliche Einsparung zu erzielen),

- großvolumige Teile (bedingt durch die Größe der Materialien wird viel Lagerplatz eingenommen),

- hohe Flexibilität beim Lieferanten (damit dieser auf Nachfrageschwankungen schnell reagieren kann),

- gute Infrastruktur notwendig (damit eine Integration der Informationssysteme möglich ist),

- hohe Verfügbarkeit (der Lieferant muss in der Lage sein, jede nachgefragte Menge liefern zu können).

Diesen großen Einsparmöglichkeiten stehen allerdings auch Risiken des Just-in-Time-Konzepts gegenüber.

---

[40] Vgl. Krampf (2012) S. 93.
[41] Vgl. Krampe, Lucke, Schenk (2012) S. 253.
[42] Vgl. ebd., S. 256.
[43] Vgl. ebd., S. 257.

Da auf Sicherheitsbestände verzichtet wird, ist eine detaillierte Planung, die mit dem Lieferanten abgestimmt ist, unerlässlich, um laufend die Versorgungssicherheit zu gewährleisten. Außerdem kann durch hohe Bedarfsschwankungen des Nachfragers der Lieferant zu hohen Überstunden oder Sicherheitsbeständen gedrängt werden, wodurch er langfristig in die Insolvenz schlittern könnte.[44]

4.1.2.4 Vendor Managed Inventory

Normalerweise tätigt ein Kunde ohne frühzeitige Vorwarnung eine Nachbestellung bei seinen Lieferanten. Der Lieferant hält deshalb immer einen Sicherheitsbestand auf Vorrat. Dieser Effekt zieht sich durch die ganze Lieferkette. Somit hält jeder Lieferant und Zulieferer einen Puffer, um für alle erdenklichen Vorfälle lieferfähig zu sein. Beim Vendor Managed Inventory (VMI) wird allerdings die Aufgabe der Nachlieferung auf den Lieferanten übertragen. Durch die informationstechnische Einbindung des ERP-Systems vom Lieferanten beim Kunden, kann der Lieferant in relativ kurzen Abständen die Bestandsdaten seines Kunden abfragen und beim Erreichen eines bestimmten Bestands die Lieferung veranlassen. Wichtig ist die Verfügbarkeit möglichst aktueller Daten (am besten Live-Daten), damit der Lieferant genau disponieren kann. Die Einführung eines VMI erfordert ein hohes Vertrauen vom Kunden in den Lieferanten, da der Lieferant durch Integration der ERP-Systeme vertrauliche Daten erhält.[45]

Der große Vorteil des VMI ergibt sich erst, wenn der Rahmenvertrag so gestaltet wird, dass das Lager dem Lieferanten zugerechnet ist und die Ware erst bei Entnahme durch den Kunden aus dem Lager in Rechnung gestellt wird. Somit verfügt der Kunde über keine Lagerbestände mehr, sondern verschiebt die bilanzielle Zurechnung auf die Lieferanten.[46] Dieser Effekt verkürzt die für das WCM erforderlichen DIO erheblich, da nur noch Bestände von Zwischenlagern oder Produktionspuffern bestehen.

---

[44] Vgl. Krampe, Lucke, Schenk (2012) S. 258.
[45] Vgl. Schuh (2006) S. 559 f.
[46] Vgl. Arndt (2010) S. 162 f.

4.2 Forderungsmanagement zur Optimierung des Working Capital

Forderungsmanagement allgemein zielt darauf ab, einen möglichst geringen Forderungsausfall zu realisieren.[47]

Im Rahmen des WCM liegt der Schwerpunkt allerdings darauf, den Bestand an Forderungen möglichst gering zu halten sowie die Zeit bis zur Begleichung der Forderungen zu reduzieren.

4.2.1 Vertragsgestaltung, Mahnwesen

Das Forderungsmanagement berücksichtigt nicht nur die offenstehenden Forderungen, sondern achtet bereits vor Vertragsabschluss darauf, einen Forderungsausfall zu vermeiden und Anreize zu setzen, damit der Kunde seine Rechnung schnell begleicht, um die Liquidität zu steigern.[48]

Eine sehr wichtige Maßnahme vor Abschluss des Vertrags ist es, die Bonität der Kunden zu überprüfen. Informationen hierfür kommen direkt aus dem Rechnungswesen, Vertrieb, Wirtschaftsauskunfteien oder den Jahresabschlüssen. Folgende Informationen spielen bei der Bonitätsüberprüfung eine wichtige Rolle:[49]

- Nach wie vielen Tagen zahlt der Kunde im Durchschnitt?

- Wurde das Zahlungsziel überschritten?

- Wie hoch sind die Lagerbestände des Kunden?

- Welches Image hat der Kunde nach außen?

- Wie ist die Maschinenauslastung des Kunden?

---

[47] Vgl. Müller (2013) S. 14.
[48] Vgl. Müller-Wiedehorn (2006) S. 35.
[49] Vgl. ebd., S. 35 ff.

Stellt sich bei dieser Prüfung heraus, dass die Bonität nicht ausreichend für die Gewährung eines Zahlungsziels ist, sollten nur Bargeschäfte mit dem Kunden abgewickelt werden, um ein Ausfallrisiko zu vermeiden.[50]

Bei der Vertragsgestaltung müssen die Zahlungsbedingungen für den Kunden eindeutig definiert werden, damit es zu keinen Missverständnissen kommt. Als Zahlungsziel wird häufig statt eines Fixdatums eine Frist angegeben, wie zum Beispiel Zahlung innerhalb 30 Tage nach Rechnungserhalt. Den Kunden sollten keine zu großen Zahlungsziele eingeräumt werden, damit die DSO gering bleiben. Um einen Anreiz für den Kunden zu setzen, kann ein Skonto eingeräumt werden. Relativ häufig beträgt die Skontofrist 10 Tage bei 2 % Skonto und 30 Tage Zahlungsziel ohne Abzug von Skonto.[51] Die Rechnung sollte so schnell wie möglich direkt nach der Leistungserbringung gestellt werden, um die Überbrückungskosten bis zum Erhalt des Geldes gering zu halten. Folgende Angaben sind bei der Rechnungsstellung unerlässlich: Adresse des Empfängers mit Datum, Nummer der Rechnung, Bezeichnung der Leistung, Einzel- und Gesamtpreise jeweils netto und brutto, Höhe der Umsatzsteuer, Zahlungsfristen und Bankverbindung.[52]

Bezahlt der Kunde nicht innerhalb dieser Frist, ist es sinnvoll, vor einem gerichtlichen Klageprozess erst einmal außergerichtlich anzumahnen. Typischerweise drängt das Forderungsmanagement (Debitorenbuchhalter) dazu, unverzüglich zu mahnen, der Vertrieb hingegen scheut diese Vorgehensweise, aus Sorge einen Kunden zu verlieren.[53] Deswegen sollte vor einer Abmahnung erst einmal intern überprüft werden, ob irgendwelche Reklamationen vorliegen oder die Rechnung eventuell unvollständig beziehungsweise an eine falsche Adresse versandt wurde. Können diese Schritte verneint werden, sollte schnellstmöglich eine Zahlungsaufforderung unter Androhung eines Klageverfahrens eingeleitet werden. Hilfreich ist es, wenn die Mahnung von einem Rechtsanwalt aufgesetzt und verschickt wird.[54] Kommt es trotz Mahnung zu keiner Zahlung des Kunden, sollte

---

[50] Vgl. Müller-Wiedehorn (2006) S. 38.
[51] Vgl. ebd., S. 38 f.
[52] Vgl. Müller (2013) S. 172.
[53] Vgl. ebd., S. 53.
[54] Vgl. Müller-Wiedehorn (2006) S. 41f.

der langwierige und kostspielige Weg des gerichtlichen Verfahrens zum Einsatz kommen. Bei dem Kunden kommt es zu einem Zwangsvollstreckungsverfahren, das letztlich auch in einem Insolvenzverfahren enden kann.[55]

Dadurch, dass ein gerichtlicher Prozess sehr zeitintensiv ist, liegt das Augenmerk im Bereich des WCM darauf, wie das Geld möglichst schnell eingetrieben werden kann. Hierfür kommen Lösungen im Bereich des Outsourcings der Forderungen in Betracht, wie zum Beispiel Factoring, Forfaitierung oder Asset-Backed-Securities.

4.2.2 Factoring zur Optimierung der Forderungen

Das Factoring (englisch für Forderungsfinanzierung) fand erstmals in den sechziger Jahren in England Anwendung. Zu Beginn der Factoring-Zeit stand die Absicherung des Forderungsausfalls im Vordergrund, wohingegen heute Factoring als Finanzierungsform verstanden wird. Das Factoring-Volumen betrug 2006 weltweit etwa 1,016 Billion Euro, wobei 70 % des Volumens in Europa entstanden. In Deutschland betrug das Factoring-Volumen 2006 ca. 55 Milliarden Euro.[56]

Beim Factoring wird der Factor durch den Kauf von Forderungen neuer Inhaber der Forderungen (siehe Abbildung 6).[57]

---

[55] Vgl. Schneider (2010) S. 23-34.
[56] Vgl. Hibler, Müllner (2007) S. 19-27.
[57] Vgl. Breuer (2001) S. 405.

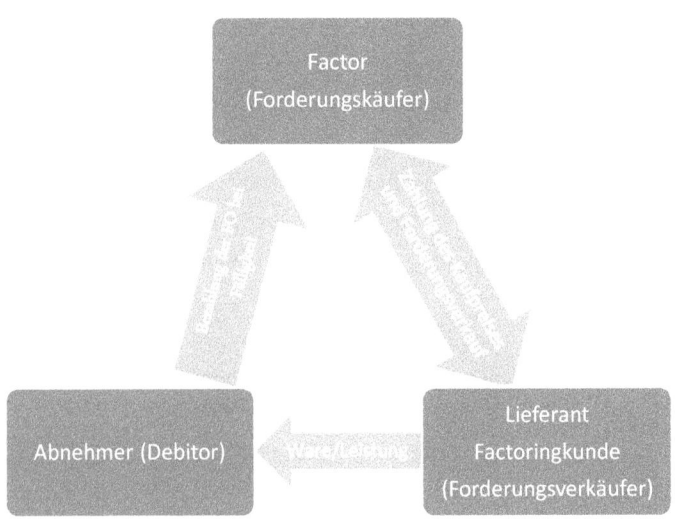

Abbildung 6: Darstellung Factoringbeziehungen
Quelle: Eigene Darstellung in Anlehnung an Breuer (2001) S. 406

Wie Abbildung 6 veranschaulicht, besteht ein Vertrag zwischen dem Abnehmer (Debitor) und dem Lieferanten über den Verkauf von Ware oder der Erbringung einer Leistung. Der Factor (Forderungskäufer) kauft nun die Forderung vom Lieferanten (Factoringkunde) gegen eine Zahlung. Da nun der Factor der neue Forderungsinhaber ist, muss der Abnehmer (Debitor) die Forderung bei Fälligkeit an den Factor bezahlen.

Die Basis dieses Geschäftes bildet der Factoringvertrag zwischen Factor und Factoringkunde. Die Laufzeit beträgt normalerweise mindestens 2 Jahre. Innerhalb dieser Zeit muss der Factoringkunde all seine Forderungen dem Factor anbieten. Anschließend wird für jeden Debitor ein bestimmtes Limit der Forderungen festgelegt, und schließlich werden diese einschließlich Exportforderungen gegen Bezahlung von etwa 80 % bis 90 % der ursprünglichen Höhe gekauft.[58]

Am geeignetsten für den Verkauf von Forderung durch Factoring sind jene, deren Laufzeit maximal 90 Tage im Inland und 180 Tage im Ausland beträgt, frei von Rechten Dritter sind und deren Forderungshöhe eindeutig ist. [59]

---

[58] Vgl. Hagenmüller (1997) S. 106 – 149.
[59] Vgl. Breuer (2001) S. 406.

Nach dem Zustandekommen des Rahmenvertrages informiert der Factoring-kunde seine Kunden über diese Zusammenarbeit und teilt ihnen mit, dass Zahlungen ab sofort nur noch an das Konto des Factors überwiesen werden (Abtretungsvermerk).[60]

Von nun an sieht der Prozess des Verkaufs von Waren bis zur Bezahlung der Forderungen wie folgt aus:[61]

1. Verkauf von Waren durch Lieferanten an den Kunden. Der Lieferant schickt eine Rechnung an den Kunden und eine an den Factor.

2. Der Factor kauft die Forderung und zahlt ca. 80 – 90 % des Betrages an den Lieferanten.

3. Der Kunde bezahlt die Rechnung an den Factor.

4. Anschließend überweist der Factor dem Lieferanten die verbleibenden 10 - 20 % abzüglich der beschlossenen Kosten des Factorings.

4.2.2.1 Funktionen des Factoring

Das Factoring erfüllt drei Funktionen: eine Finanzierungs-, Delkredere- und Dienstleistungsfunktion, die nachfolgend nähere Erläuterung finden.

- <u>Finanzierungsfunktion</u>: Durch die Übernahme der Forderungen durch den Factor wird Liquidität sofort für den Factoring-Kunden freigesetzt. Dadurch, dass der Factoring-Vertrag längerfristig ausgelegt ist, ergibt sich die Liquiditätsfreisetzung mehrmals (bei jeder Forderung innerhalb der Vertragslaufzeit). Für die Planung entfallen Unsicherheiten, wie zum Beispiel das Risiko des Forderungsausfalls oder der Zeitpunkt der Zahlungseingänge. Die somit verfügbare Liquidität kann dazu verwendet werden, um kurzfristige Verbindlichkeiten zu tilgen oder Skonti bei Lieferanten auszuschöpfen.[62]

---

[60] Vgl. Hibler, Müllner (2007) S. 56 f.
[61] Vgl. ebd., S. 55 f.
[62] Vgl. Breuer (2001) S. 406 ff.

- <u>Delkrederefunktion</u>: Durch den Kauf der Forderungen gehen sämtliche Risiken auf den Factor über.[63]

Bei Eintritt eines Zahlungsausfalls erstattet der Factor dem Factoring-kunden die restlichen 10 – 20 % des einbehaltenen Preises. Durch die Übernahme des Delkredere wird dem Kunden ein sehr großes Risiko genommen, wodurch der Factoring-Kunde auf etwaige Bonitätsprüfungen verzichtet, sofern die Forderungshöhe innerhalb des vertraglich vereinbarten Rahmens liegt. Allerdings muss der Factoring-Kunde dafür sorgen, dass die vom Factor gekauften Forderungen mit ihrem rechtlichen Charakter auf den Factor übergehen. Ansonsten haftet der Factoring-Kunde dennoch für die Forderungen.[64]

- <u>Dienstleistungsfunktion</u>: Zu diesen Leistungen zählen zum Beispiel die Übernahme von Buchhaltung, Rechnungsstellung und Mahn- und Inkassowesen für den Factoring-Kunden.[65]

4.2.2.2 Kosten des Factoring

Die Kosten des Factorings bestehen aus der Factoring-Gebühr, Delkrederegebühr und dem Zins. Die Factoring-Gebühr enthält Kosten für die Rechnungsstellung, Inkassowesen, Debitorenmanagement oder die Überwachung der Schuldner. Die Höhe der Gebühr hängt unter anderem von dem Umsatz pro Jahr, Anzahl der Rechnungen pro Jahr, übliche Forderungshöhe, Anzahl der Mahnungen oder Anzahl der Debitoren ab.[66]

Die Delkrederegebühr fällt durch die Übernahme des Ausfallrisikos an. Die Höhe dieser Gebühr richtet sich nach der Bonität der Schuldner, dessen Zahlungsverhalten und dem Ausfallrisiko. Des Weiteren fällt für den Zeitraum zwischen der Zahlung des Factors an den Factoring-Kunden bis zum Zahlungseingang des Schuldners beim Factor ein Zins an, der sich an den Zinssätzen von Banken bei

---

[63] Vgl. Zantow, Dinauer (2011) S. 314.
[64] Vgl. Breuer (2001) S. 408 f.
[65] Vgl. Zantow, Dinauer (2011) S. 314.
[66] Vgl. Breuer (2001) S. 409 f.

kurzfristiger Kreditvergabe orientiert.[67] Die Einbehaltung von 10 – 20 % vom Kaufpreis stellt keine Gebühr dar. Sie ist vielmehr als Korrigierfaktor bezüglich Retouren oder Preisnachlässen aufgrund von Mängeln zu sehen. Dieser Abschlag wird dem Factoring-Kunden bei Forderungsbegleichung gutgeschrieben.[68]

4.2.2.3 Arten des Factoring

Im Laufe der Zeit haben sich im Factoring einige unterschiedliche Formen etabliert, um unterschiedliche Kundenwünsche bedienen zu können.[69]

Beim Full-Service-Factoring, auch „echtes Factoring" genannt, werden alle drei Funktionen (Finanzierungs-, Delkredere- und Dienstleistungsfunktion) übernommen. Üblicherweise werden die Daten per IT (EDI) zwischen den Unternehmen ausgetauscht und verarbeitet.[70]

Bei dem unechten Factoring wird die Delkrederefunktion nicht in Anspruch genommen und typischerweise entfällt deswegen auch die Dienstleistungsfunktion. Anfang der 80er Jahre wurde das unechte Factoring durch den BGH als Kreditgeschäft erklärt, weshalb es häufig als Darlehensfactoring bezeichnet wird.[71]

Eine weitere Factoring-Form ist das Bulk-Factoring, bei der die Dienstleistungsfunktion durch den Factoring-Kunden für den Factor übernommen wird. Zu bestimmten Zeitpunkten muss der Factoring-Kunde alle notwendigen Informationen zur Überwachung der Forderungen an den Factor übermitteln. Das Mahnwesen bleibt auch Bestandteil beim Factoring-Kunden. Bei dieser Form handelt es sich um ein stilles Factoring, da der Debitor nichts über den Forderungsverkauf erfährt. Der Debitor überweist auch das Geld an den Factoring-Kunden.[72]

Beim offenen Factoring wird der Debitor über das Factoring-Vorhaben aufgeklärt, sodass dieser seine Forderungen an den Factor begleicht und nicht mehr an den Factoring-Kunden. Typischerweise geschieht dies bei den Zahlungsbedingungen

---

[67] Vgl. Breuer (2001) S. 410.
[68] Vgl. Zantow, Dinauer (2011) S. 315.
[69] Vgl. Breuer (2001) S. 411.
[70] Vgl. ebd., S. 411.
[71] Vgl. ebd., S. 411.
[72] Vgl. ebd., S. 411.

und wird zusätzlich durch einen Vermerk auf der Rechnung hervorgehoben. Im Gegensatz hierzu gibt es das stille Factoring, bei dem der Debitor nichts von dem Vorgehen mitbekommt. Diese Form bedarf eines erheblichen Überwachungsaufwandes für den Factor, um sicherzustellen, dass alle Forderungen vom Factoring-Kunden an ihn überwiesen werden.[73]

4.2.3 Forfaitierung

Eine weitere Möglichkeit, seine Forderungslaufzeit zu verkürzen, ist die Forfaitierung.

Bei der Forfaitierung kauft, wie beim Factoring, der Forderungsübernehmer (Forfaiteur) von einem Unternehmen (Forfaitist) die Forderungen einschließlich des Delkredererisikos. Forfaitierung findet vor allem im Exportgeschäft Anwendung. Der Forfaiteur übernimmt auch das Auslands- und Währungsrisiko.[74]

Es werden sowohl kurz-, mittel- und langfristige Exportforderungen ge- und verkauft. Zu den Vorteilen für den Forfaitist zählen die Verschiebung des wirtschaftlichen Risikos hin zum Forfaiteur, Verkürzung der DSO und auch das Wegfallen des Währungsrisikos.[75] Der Forfaitierungsvertrag ähnelt vom Ablauf dem Factoring-Vertrag. Zuerst muss ein gültiger Kaufvertrag zwischen Forfaitist und seinem Debitor zustandekommen. Anschließend kauft der Forfaiteur vom Forfaitist die Forderungen auf und übernimmt damit die Haftung für die Zahlungsfähigkeit und das politische Risiko.[76]

Abbildung 7 beinhaltet einen Vergleich zwischen Factoring und Forfaitierung, um die Unterschiede zwischen beiden zu verdeutlichen.

---

[73] Vgl. Breuer (2001) S. 412.
[74] Vgl. Müller-Wiedenhorn (2006) S. 106.
[75] Vgl. Breuer (2001) S. 427 f.
[76] Vgl. ebd., S. 429.

Komponente	Factoring	Forfaitierung
Forderungslänge	Kurzfristige Forderungen	Kurz-, mittel- und langfristige Forderungen
Finanzierungshöhe	80 – 90 % der Forderungshöhe	Gesamte Forderung abzüglich Kosten
Delkredere	Factor beim echten Factoring oder Factoring-Kunde beim unechten Factoring	Forfaiteur
Kosten	Factoring-Gebühr, Delkrederegebühr und Zins	Risikozuschlag
Zusätze	Häufig wird die Dienstleistungsfunktion vom Factor übernommen	Gesamte Abwicklung wird vom Forfaiteur vorgenommen
Produktarten	Konsumgüter, Dienstleistungen	Alle Exportgüter und Leistungen

Abbildung 7: Vergleich Factoring und Forfaitierung
Quelle: in Anlehnung an Breuer (2001) S. 428 f.

4.2.4 Asset-Backed-Securities

Eine weitere Form zur schnellen Liquidation von Forderungen ist die Finanzierung durch Wertpapiere (Asset-Backed-Securities; ABS).[77]

Seit Mitte des 19. Jahrhunderts gibt es diese Möglichkeit der Verbriefung in Deutschland. Es begann mit dem Recht für Hypothekenbanken, Pfandrechte zu verkaufen, welche eine Hypothek als Sicherheit für den Kredit zugrunde hatten. Die Möglichkeiten der Refinanzierung breiteten sich schnell auf verschiedene Arten von Forderungen aus. So sind heute beispielsweise Handelsforderungen, Autofinanzierungen, Kreditkartenforderungen oder Konsumentenkredite geeignete Forderungen. [78]

Folgende Voraussetzungen zur Verbriefung müssen die Forderungen erfüllen:[79]

---

[77] Vgl. Müller-Wiedenhorn (2006) S. 109.
[78] Vgl. Wolf, Hill, Pfaue (2011) S. 211 f.
[79] Vgl. ebd., S. 212 f.

➢ Forderungen einwandfrei identifizierbar,

➢ Lieferung und Leistung wurde erbracht,

➢ Eindeutig bestimmbare Forderungslaufzeit,

➢ Rechtlich unproblematische Forderungen (kein vorliegender Forderungsverzug, keine Anfechtung möglich),

➢ Rechtlich mögliche Übertragung der Forderungen,

➢ Mittels EDV muss eine Trennung beim Verkäufer nach verkauften und nicht verkauften Forderungen möglich sein,

➢ Informationen zu vergangen Forderungsausfällen müssen vorliegen,

➢ Homogene Forderungen,

➢ Breit gestreute Verbriefungen der Forderungen.

Der Begriff ABS ist ein zentraler Begriff für die allgemeine Verbriefung von Forderungen. Dieser Begriff teilt sich, je nach Laufzeit der Forderungen, in Term-Transaktion und Asset-Backed-Commercial-Paper (ABCP) auf. Mittels Term-Transaktionen lassen sich längerfristige Forderungen über den Kapitalmarkt refinanzieren, wohingegen sich kurzfristigere Forderungen durch ABCP am Geldmarkt finanzieren lassen.[80]

In der Praxis werden üblicherweise Forderungen aus Lieferung und Leistung mittels ABCP refinanziert.[81]

4.2.4.1 Ablauf einer ABCP-Transaktion

Ein Schuldner hat mit dem Forderungsverkäufer, auch Originator genannt, ein Schuldverhältnis. Anschließend verkauft der Forderungsverkäufer einen be-stimmten Teil seines Forderungsportfolios. Die Ankaufsgesellschaft (SPV1) wird

---

[80] Vgl. Sidki (2013) S. 72.
[81] Vgl. Wolf, Hill, Pfaue (2011) S. 213.

normalerweise nur zum Zweck der Forderungsankäufe gegründet und kauft vom Forderungsverkäufer gegen Bezahlung der Forderungshöhe die Forderungen. Die Ankaufsgesellschaft ist rechtlich und wirtschaftlich eine eigenständige Gesellschaft. Die Kosten der Ankaufsgesellschaft werden durch den Forderungsverkäufer mittels einer Gebühr beglichen. Als nächstes wird eine Refinanzierungsgesellschaft (SPV2) eingeschaltet, damit der Forderungsverkäufer gegenüber dem Investor nicht genannt werden muss. Dies hat für den Forderungsverkäufer den Vorteil, dass sein Portfolio den Mitbewerbern gegenüber nicht veröffentlicht werden muss. Durch Einschaltung der Refinanzierungsgesellschaft wird nur die Art der Forderungen, das Land des Forderungsverkäufers, die Bonität des Verkäufers und vergangene beziehungsweise aktuelle Forderungsausfälle dem Investor mitgeteilt. Durch das ABCP hat der Investor den Vorteil, dass er nicht an der Unternehmensleistung samt Risiko teilnimmt, sondern nur an der Leistung der Forderungen, welche durch die Zweckgesellschaften SPV1 und SPV2 durch Bonitätsprüfungen überprüft wurden.[82]

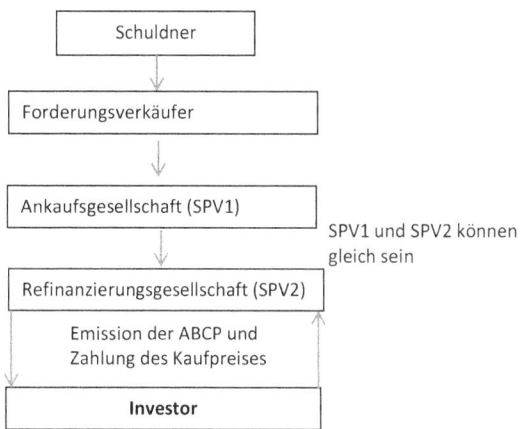

Abbildung 8: ABCP-Transaktion
Quelle: Eigene Darstellung in Anlehnung an Wolf, Hill, Pfaue (2011) S. 217.

---

[82] Vgl. Wolf, Hill, Pfaue (2011) S. 216 f.

Abbildung 8 zeigt eine Single-Seller-Transaktion, da nur ein Forderungsverkäufer durch eine ABCP-Transaktion refinanziert. Es gibt aber auch Multi-Seller-Transaktionen. Bei diesen werden Forderungen von mehreren Forderungsverkäufern durch eine Ankaufsgesellschaft aufgekauft und nur durch eine Refinanzierungsgesellschaft am Geldmarkt refinanziert.[83]

Je nach Ausprägung der gewünschten ABS-Verbriefung gibt es noch weitere Beteiligte. Wird ein Forderungsverwalter (Servicer) hinzugefügt, so übernimmt dieser die Debitorenverwaltung und das Inkassowesen. Weiterhin übernimmt ein Treuhänder für die Ankaufsgesellschaft die Überwachung der Sicherheiten des Schuldners. Häufig wird die Funktion des Treuhänders durch eine Bank übernommen. Ein Arrangeur übernimmt die Beratung und Unterstützung des Forderungsverkäufers gegen eine entsprechende Gebühr, die vom Forderungsverkäufer zu bezahlen ist. Der Arrangeur gibt die relevanten Daten zur Bonitätsprüfung an eine Rating-Agentur weiter. Bekannte Rating-Agenturen sind zum Beispiel Standard & Poors oder Fitch.[84]

4.2.4.2 Vorteile für das verkaufende Unternehmen

Ein entscheidender Vorteil für das verkaufende Unternehmen ist der Wegfall des Forderungsausfallrisikos. Durch den Verkauf wird die Forderung liquidiert, der Cashflow aus der jeweiligen Periode gestärkt und das Working Capital durch den Wegfall der Forderungen aus der Bilanz reduziert. Weiterhin ist positiv hervorzuheben, dass der Forderungsverkauf nicht an Dritte veröffentlicht werden muss.[85]

Im nächsten Kapitel geht es um die effektive Steuerung der Verbindlichkeiten zur Optimierung des Working Capital im Unternehmen.

---

[83] Vgl. Wolf, Hill, Pfaue (2011) S. 218.
[84] Vgl. ebd., S. 219 ff.
[85] Vgl. ebd., S. 243 ff.

4.3 Verbindlichkeitsmanagement zur Optimierung des Working Capital

Die letzte Stellschraube zur Optimierung des WCM und der CCCT ist das Verbindlichkeitsmanagement. Dem WCM werden die Verbindlichkeiten aus Lieferung und Leistung als relevant zugerechnet.[86]
Im Hinblick auf das WCM ist es das Ziel, die Verbindlichkeitenlaufzeit möglichst hoch zu halten, damit der zinslose Lieferantenkredit vollständig ausgenutzt und somit das Geld länger im Unternehmen zur Anlage bleiben kann. Weiterhin sollte die Verbindlichkeitenlaufzeit mindestens genauso hoch sein wie unsere Forderungslaufzeit. Ob es für das Unternehmen als Ganzes eventuell der günstigere Weg wäre, den Skonto auszunutzen, muss vor der Entscheidung durchgerechnet werden.[87] Die Kalkulation des Skonto-Satzes zu einem Jahresprozentsatz im Vergleich zu anderen Kreditzinssätzen errechnet sich wie folgt:[88]

$$Zinssatz\ p.\ a. = \frac{Skonto\ in\ \%}{(Zahlungsziel - Skontofrist\ (Tagen))} \times 360$$

Zur optimalen Ausschöpfung der Möglichkeiten sollte eine verantwortliche Person für das Verbindlichkeitenmanagement im Einkauf bestimmt werden. Diese arbeitet eng mit dem Vertragsmanagement, Rechnungswesen sowie der Geschäftsführung zusammen, um die optimalen Zahlungsziele zu bestimmen. Zu den Aufgaben der Verbindlichkeitsverantwortlichen zählen hauptsächlich die Verhandlung über längere Zahlungsziele sowie die Sicherstellung, dass alle Zahlungsmöglichkeiten vom Unternehmen genutzt werden können.[89]
Weitere Möglichkeiten zur möglichst langen Liquiditätshaltung im Unternehmen wären, keine Anzahlungen zu tätigen und die Zahlungsläufe zu reduzieren.[90] Al-

---

[86] Vgl. Schulz (2007) S. 139.
[87] Vgl. ebd., S. 139.
[88] Vgl. ebd., S. 143.
[89] Vgl. ebd., S. 140 f.
[90] Vgl. Klepzig (2014) S. 172.

lerdings sollte man bei der Reduzierung der Zahlungsläufe sehr vorsichtig vorgehen, um nicht in Zahlungsverzug zu geraten. Dieses Verhalten kann sich schnell am Markt herumsprechen und in einem Imageschaden für das Unternehmen enden.[91]

Im nächsten Kapitel geht es um die Auswirkungen eines effektiv gestalteten WCM auf die Bilanz sowie den Economic Value Added.

5. Einfluss eines effektiv gestalteten WCM auf die Bilanz

Das erste Unterkapitel geht auf die Verbesserung der Eigenkapitalquote durch das WCM ein. Daran schließt eine Erörterung des positiven Einflusses auf den Economic Value Added im Bereich der wertorientierten Unternehmenssteuerung an.

5.1 Auswirkungen eines effektiven WCM auf die Eigenkapitalquote

Die Eigenkapitalquote ist eine statische Bilanzkennzahl, welche sich sehr einfach aus dem veröffentlichen Jahresabschlus eines Unternehmens berechnen lässt.[92]

Aus der Art der Berechnung lässt sich erkennen, dass es sich bei der Eigenkapitalquote um eine vergangenheitsorientierte Kennzahl handelt. Dadurch, dass Eigenkapitalgeber im Falle einer Unternehmensinsolvenz als Rangletzter bedient werden (Haftungsfunktion), wird für Fremdkapitalgeber ein Unternehmen mit einer hohen Eigenkapitalquote als solider und kreditwürdiger dargestellt.[93]

Die Eigenkapitalquote errechnet sich folgendermaßen:[94]

---

[91] Vgl. Schulz (2007) S. 141 f.
[92] Vgl. Guserl, Pernsteiner (2011) S. 211.
[93] Vgl. ebd., S. 211.
[94] Vgl. ebd., S. 210.

$$Eigenkapitalquote\ in\ \% = \frac{Eigenkapital}{Gesamtkapital} \times 100$$

Negative Effekte einer hohen Eigenkapitalquote sind allerdings die damit verbunden hohen Eigenkapitalkosten, die sich negativ auf die Eigenkapitalrendite auswirken. Die Eigenkapitalgeber erwarten eine entsprechend hohe Verzinsung des eingesetzten Kapitals aufgrund der Haftungsfunktion. Durch den bekannten Leverage-Effekt kann unter der Voraussetzung, dass die Fremdkapitalkosten geringer ausfallen als die Gesamtkapitalkosten, eine Erhöhung der Eigenkapitalrendite durch Fremdkapitalaufnahme stattfinden. Der Grund für diesen Effekt liegt darin, dass die Fremdkapitalzinsen, welche die Banken fordern, geringer sind als die Eigenkapitalzinsen der Eigentümer.[95]

Eine effektive Steuerung des WCM verkleinert das Umlaufvermögen der Bilanz und führt zu einer Bilanzkürzung. Bei gleichbleibendem Eigenkapital verringern sich also die Fremdkapitalpositionen, wodurch Eigenkapitalquote und Kreditwürdigkeit erhöht werden.[96]

Nachfolgendes Kapitel geht auf das Konzept des Economic Value Added und dessen Beeinflussbarkeit durch das WCM ein.

5.2 Einfluss des WCM auf den Economic Value Added

Das Konzept des Economic Value Added (EVA) wurde Anfang der 1990er Jahre von der Unternehmensberatung Stern Stewart & Co. entwickelt. Das Konzept gehört zu den bekanntesten Kennzahlen der wertorientierten Unternehmenssteuerung.[97] Das Konzept wird beispielsweise von Investoren zur Beurteilung des Unternehmens oder zur Aktienanalyse herangezogen. Es dient auch als Instrument, um die Zielerreichung der Manager zu beurteilen.[98] Der EVA berechnet den Gewinn einer Periode, welcher die gesamten Kapitalkosten des eingesetzten

---

[95] Vgl. Guserl, Pernsteiner (2011) S. 211 f.
[96] Vgl. Klepzig (2014) S.12 f.
[97] Vgl. Stewart (1994) S. 46, Stewart, Chew (1995) S. 40 zitiert nach Weber (2004) S. 55.
[98] Vgl. Mensch (2008) S. 274.

betrieblichen Vermögens dieser Periode übersteigt.[99] Somit ist diese Kennzahl eine absolute Wertbeitragskennzahl (Euro Betrag).[100]

Es gibt zwei Möglichkeiten, um den Wertbeitrag der Periode zu ermitteln:[101]

1. Capital Charge Formel:

$$EVA = NOPAT - CE \times WACC$$

2. Value Spread Formel:

$$EVA = (ROCE - WACC) \times CE$$

Die benötigten Komponenten zur Berechnung sind also NOPAT (Net Operating Profit After Taxes), CE (Capital Employed), WACC (Weighted Average Cost of Capital) sowie ROCE (Return on Capital Employed).[102]

Es ist aber theoretisch nicht unumstritten, welche Größe für das eingesetzte Kapital verwendet werden sollte. Je nach Literatur findet man entweder das obengenannte CE oder aber auch NOA (Net Operating Assets).[103] Der Unterschied zwischen den beiden Größen liegt in der Einbeziehung von nicht betrieblich genutzten Aktiva. Während sich das NOA nur auf das tatsächlich genutzte Vermögen bezieht, inkludiert das CE das gesamte Aktiva, welches auch nicht betrieblich genutzte Gegenstände beinhaltet.[104]

Da das Ziel des EVA, wie oben beschrieben, darin besteht, den Vermögenszuwachs aus dem betrieblich genutzten Kapital zu berechnen, ist es durchaus sinnvoller das NOA als Bezugsgröße zu verwenden. Zur genaueren Berechnung des NOA geht diese Arbeit im weiteren Verlauf ein.

Um einen aussagekräftigen Wertbeitrag zu ermitteln, sollten wertmäßige Anpassungen bei den veröffentlichen Jahresabschlüssen gemacht werden. Grund ist

---

[99] Vgl. Lachnit, Müller (2006) S. 228.
[100] Vgl. Guserl, Pernsteiner (2011) S. 145.
[101] Vgl. Lachnit, Müller (2006) S. 228.
[102] Vgl. Guserl, Pernsteiner (2011) S. 142-146.
[103] Vgl. Stewart (1991) S. 137 zitiert nach Pape (2009) S. 134.
[104] Vgl. Mensch (2008) S. 280f, Guserl, Pernsteiner (2011) S. 142 ff.

hierfür mitunter der strenge Gläubigerschutz gemäß HGB.[105] Nach Stewart können bis zu 164 Anpassungen erfolgen, wobei man sich auf wenige Anpassungen beschränken sollte, um die Verständlichkeit weiterhin zu gewährleisten.[106] Vor der Umsetzung der Anpassungen sollten folgende Fragen erfüllt werden:[107]

1. Entsteht durch die Anpassung ein wesentlicher Unterschied auf den EVA?

2. Ist die Position der Anpassung durch die Führungskräfte beeinflussbar?

3. Sind die Anpassungen verständlich nachvollziehbar?

4. Ist es möglich die für die Anpassung notwendigen Informationen zu beschaffen?

Um die Anpassungen (Conversions) vorzunehmen gibt es vier Kategorien:[108]

➤ Operating Conversions: Innerhalb dieser Kategorie werden die Daten aus dem Jahresabschluss auf das betriebliche Vermögen eingegrenzt. Es lässt sich nicht verallgemeinern, welche Positionen für welches Unternehmen betriebsnotwendig sind oder nicht.

➤ Funding Conversions: Die Funding Conversions haben zum Ziel, versteckte Finanzierungsformen aufzudecken und zu bereinigen, um eine Vergleichbarkeit verschiedener Unternehmen und Branchen zu gewährleisten.

➤ Shareholder Conversions: Bei dieser Art von Anpassung werden eigenkapitalähnliche Positionen berücksichtigt. Es soll somit das Ergebnis aus Sicht von Eigenkapitalgebern sichergestellt werden. Beispielsweise sollten investitionsähnliche Aufwendungen aktiviert und über die voraussichtliche Nutzungsdauer abgeschrieben werden, da diese einen längerfristigen Nutzen für das Unternehmen darstellen.

---

[105] Vgl. Weber (2004) S. 57.
[106] Vgl. Stewart (1994) S. 65 zitiert nach Weber (2004) S. 57.
[107] Vgl. Stewart (1994) S. 74 zitiert nach Weber (2004) S. 58.
[108] Vgl. Hostettler (197) S. 97 ff., Eidel (2000) S. 233 ff. zitiert nach Weber (2004) S. 58 ff.

> ➢ Tax Conversions: Hierdurch sollen die Ertragssteuern auf das neue, angepasste Ergebnis angeglichen werden. Wurden zum Beispiel im Rahmen der Anpassungen Aufwendungen aktiviert, so muss auch eine Erhöhung der Steuerlast durch die Gewinnverschiebung erfolgen.

5.2.1 Bestimmung des NOPAT

Bei der Bestimmung des NOPAT (operatives Ergebnis vor Zinsen und nach Steuern) werden bestimmte Positionen herausgerechnet, die nicht mit der betrieblichen Tätigkeit zusammenhängen. Hiermit soll sichergestellt werden, dass nur das Ergebnis, das aus der betrieblichen Tätigkeit entstanden ist, berechnet wird. Es werden hauptsächlich finanzbezogene Elemente herausgerechnet. Weiterhin werden stille Reserven und stille Lasten aufgelöst und in die Kalkulation miteinbezogen, da diese nicht in dem buchhalterischen Gewinn enthalten sind.[109]

Die Kalkulation des NOPAT lautet wie folgt: [110]

Gewinn (laut GuV)
+Zinsen betrieblicher Aufwendungen
± außerordentliche Aufwendungen, Erträge
± Korrekturen gebildeter oder aufgelöster stiller Reserven und stiller Lasten
+ Aufwand von Vorleistungen
= angepasstes operatives Ergebnis
− angepasste Steuern
= NOPAT

Das nächste Kapitel zeigt auf, wie sich das NOA berechnen und beeinflussen lässt.

5.2.2 Bestimmung des NOA

Das NOA (betriebsnotwendiges Vermögen) ist das gesamte Kapital, das zur Erwirtschaftung des NOPAT eingesetzt wurde. Verwendet wird das gesamte Kapital abzüglich des unverzinslichen Kapitals (kurzfristige VE) und abzüglich nicht-

---

[109] Vgl. Mensch (2008) S. 277 f.
[110] Vgl. ebd., S. 279.

betrieblich genutzten Aktiva. Allerdings sollte auch hier das tatsächliche Vermögen verwendet werden. Dies bedeutet, dass bei der Verwendung von buchhalterischen Größen stille Reserven oder stille Lasten soweit wie möglich berücksichtigt werden sollten.[111]

Durch ein aktives WCM kann das betriebsnotwendige Vermögen erheblich reduziert werden. Durch eine konsequente Senkung des WC wird das NOA geschmälert, die Kapitalkosten sinken und der EVA steigt. Abbildung 9 stellt diese Zusammenhänge visuell dar.

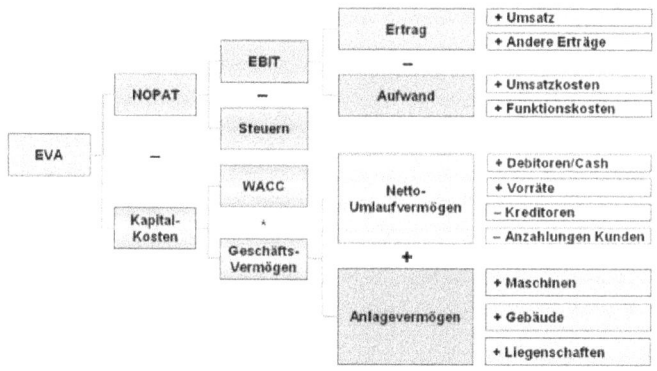

Abbildung 9: Treiberbaum EVA
Quelle: Kopie aus dem Internet. [112]

Betrachtet man den Treiberbaum, fällt auf, dass die Positionen, die das Netto-Umlaufvermögen ergeben, hauptsächlich aus den klassischen WC Elementen bestehen (Vorräte, Forderungen, kurzfristige VE). Zusammen mit dem Anlagevermögen werden diese mit dem gewichteten Kapitalkostensatz multipliziert. Je kleiner die WC Positionen, desto geringer werden die Kapitalkosten und desto höher wird der EVA.

Das betriebsnotwendige Vermögen berechnet sich wie folgt:[113]

Bilanzsumme
− nicht betriebliche Aktiva (hauptsächlich Wertpapiere des UV, Anlagen im Bau)
+ nicht bilanzierte Leasing − oder Mietobjekte
± Stille Reserven und stille Lasten
− unverzinsliche kurzfristige VE
= NOA

---

[111] Vgl. Mensch (2008) S. 280.
[112] Vgl. http://www.mirsalon.com/images/EVA_Treiberbaum.gif
[113] Vgl. Mensch (2008) S. 281.

Zu den unverzinslichen VE zählen hauptsächlich VE aus Lieferung und Leistung, Kundenanzahlungen und kurzfristige Rückstellungen.[114]

5.3.3 Berechnung des ROCE

Die Kennzahl ROCE erweist sich als relativ einfach zu berechnen. Das oben definierte NOPAT wird durch das investierte Kapital (CE) dividiert.[115] Wie erläutert, umfasst das CE die gesamten Aktiva des Unternehmens.

$$ROCE = \frac{NOPAT}{CE}$$

Im nächsten Kapitel wird auf die Berechnung des WACC eingegangen.

5.3.4 Berechnung des WACC

Um die Kapitalkosten des eingesetzten Kapitals zu berechnen, bedarf es der gewichteten Kapitalkosten (WACC). Diese setzen sich aus den gewichteten Kosten des Eigenkapitals r_{EK} und der gewichteten Fremdkapitalkosten r_{FK} zusammen. Der WACC-Ansatz stellt eine geforderte Mindestrendite für Eigen- sowie Fremdkapitalgeber dar.[116]

Die Formel zur Berechnung des WACC lautet:[117]

$$WACC = \frac{EK}{GK} \times r_{EK} + \frac{FK}{GK} \times r_{FK} \times (1-s)$$

$r_{EK} = Eigenkapitalkosten$

$r_{FK} = Fremdkapitalkosten$

$s = Ertragsteuersatz$

$EK = Marktwert\ des\ Eigenkapitals$

$FK = Marktwert\ des\ Fremdkapitals$

$GK = Gesamtkapital = EK + FK$

---

[114] Vgl. Mensch (2008) S. 281.
[115] Vgl. Wirtschaftslexikon24 (o. J.).
[116] Vgl. Von Wuntsch, Bach (2012) S. 41.
[117] Vgl. ebd., S. 43.

Durch die steuerliche Abzugsfähigkeit für Fremdkapitalzinsen werden die Ertragsteuern geschmälert, wodurch sich für das Unternehmen eine Steuerlastminderung ergibt. Diese geminderte Steuerlast wird als Tax Shield bezeichnet. Beim WACC-Ansatz wird dies direkt in die Berechnung miteinbezogen, das bedeutet, dass die Fremdkapitalkosten um die Steuerentlastung vermindert werden.[118]

Der Marktwert des Fremdkapitals lässt sich relativ einfach aus den zinstragenden Fremdkapitalpositionen errechnen.[119] Durch die Mittelwertbildung der unterschiedlichen vorhandenen Fremdkapitalkostensätze im Unternehmen wird so ein gewichteter Fremdkapitalkostensatz errechnet und verwendet.[120]

Der Eigenkapitalkostensatz wird mithilfe des Capital Asset Pricing Model (CAPM) errechnet. Dieses Modell basiert auf der kapitalmarktorientierten Bewertung des Eigenkapitalzinssatzes. Es müssen folgende Annahmen bei der Anwendung dieser Methode getroffen werden:[121]

- Der Kapitalmarkt ist ein vollkommener Markt (Preis ist für jeden Teilnehmer sofort gegeben).
- Es herrscht Markttransparenz (alle relevanten Informationen stehen allen Teilnehmern zur Verfügung und haben eine direkte Auswirkung auf den Aktienkurs).
- Alle Marktteilnehmer haben die gleiche Prognose.
- Die Investoren sind risikoscheu und bevorzugen risikogeringere Anlagen.
- Die Investoren streuen ihre Geldanlagen, um Risiken zu vermeiden.

Der Kalkulationszinssatz wird aus den Renditeforderungen der Investoren abgeleitet. Diese entsprechen dem Zinssatz, den Investoren bei alternativen Anlagemöglichkeiten mit gleichem Risikoeinsatz erzielen können.[122] Der Eigenkapitalzinssatz lässt sich mit folgender Formel berechnen:[123]

$$Eigenkapitalkostensatz = r_f + \beta_i \times MRP$$

---

[118] Vgl. Guserl, Pernsteiner (2011) S. 127.
[119] Vgl. ebd., S. 127.
[120] Vgl. Ernst et al. (2012) S. 93.
[121] Vgl. Mensch (2008) S. 264.
[122] Vgl. Von Wuntsch, Bach (2012) S. 35.
[123] Vgl. Ernst et al. (2012) S. 79.

r_f = risikofreie Rendite

β_i = unternehmensspezifischer Betafaktor

MRP = Marktrisikoprämie

Durch die obengenannten Annahmen des CAPM besitzen Investoren die Möglichkeit, ihr Portfolio zu diversifizieren. Somit entfällt das unsystematische Risiko und das Unternehmen muss dieses nicht vergüten.[124]

Die Investoren gehen dennoch das systematische Risiko (Marktrisiko) durch ihre Investition in das Unternehmen ein. Geldgeber fordern deshalb eine Marktrisikoprämie von den Unternehmen. Durch Vergleiche der Renditeschwankungen von unterschiedlichen Unternehmen des DAX oder MDAX wird eine Marktrisikoprämie abgeleitet.[125] In Deutschland beträgt die Marktrisikoprämie circa 5 %.[126]

Der Betafaktor spiegelt die Volatilität des Aktienkurses im Vergleich zum gesamten Aktienmarkt wieder.[127] Die Betafaktoren muss man aber nicht jedes Mal umständlich berechnen.[128] Für große Unternehmen kann man sie aus den Tageszeitungen entnehmen.[129]

Errechnet sich ein Betafaktor von 1, so handelt es sich um eine neutrale Anlage mit einem durchschnittlichen Marktrisiko. Ist der Betafaktor größer als 1, handelt es sich um eine relativ risikoreiche Geldanlage. Ein Betafaktor von kleiner als 1 bedeutet, dass es sich um eine risikoarme, also eine sichere Anlage handelt.[130]

Als risikofreier Zinssatz wird häufig der Zinssatz einer Staatsanleihe herangezogen. Günstig ist es, einen langjährigen durchschnittlichen Zinssatz zu verwenden. Der durchschnittliche Zinssatz einer 10-jährigen deutschen Staatsanleihe der letzten 30 Jahre beträgt ca. 7 %.[131]

---

[124] Vgl. Ernst et al. (2012) S. 79 und Mensch (2008) S. 265.
[125] Vgl. Ernst et al. (2012) S. 79 f. und Mensch (2008) S. 265.
[126] Vgl. Ernst et al. (2012) S. 100.
[127] Vgl. ebd., S. 80.
[128] Für weiterführende Informationen des Betafaktors siehe Mensch (2008) S. 265 f.
[129] Vgl. Mensch (2008) S. 265.
[130] Vgl. ebd., S. 266.
[131] Vgl. Von Wuntsch, Bach (2012) S. 38.

Die Ermittlung des Marktwertes des Eigenkapitals ist bei börsennotierten Unternehmen relativ einfach. Es wird angenommen, dass der Aktienkurs den Marktwert des Eigenkapitals widerspiegelt. Somit wird ein Durchschnittskurs über ein Jahr mit der Anzahl der Aktien multipliziert.[132] Bei nicht-börsennotierten Gesellschaften kann der Marktwert mittels Discounted Cashflow (DCF) Verfahren berechnet werden. Das Zirkularitätsproblem, nämlich die Notwendigkeit des Marktwertes des Eigenkapitals zur Berechnung des WACC, wird durch eine rechnerische Annäherung behoben. Durch die mathematische Iteration wird der WACC jeweils mit einem vorläufigen geschätzten EK-Marktwert berechnet, bis der Marktwert die eigentliche Zielkapitalstruktur des Unternehmens wiedererlangt.[133] Wie oben aufgeführt, hat eine Optimierung des Working Capital einen erheblichen Einfluss auf das betriebsnotwendige Vermögen. Durch eine Reduzierung dieser Positionen lassen sich die Kapitalkosten senken, wodurch der Economic Value Added positiv beeinflusst wird.

Im nachstehenden letzten Kapitel soll der Einfluss der Working Capital Positionen auf den Free Cashflow erläutert werden und anhand eines praktischen Rechenbeispiels verdeutlicht werden.

6. Einfluss auf den Free Cashflow

Der Free Cashflow dient als Indikator zur Beurteilung der Finanzstärke eines Unternehmens.[134] In einem Unternehmen sollten Mittel, welche nicht wertsteigernd genutzt werden können, ausgeschüttet werden. Die Differenz zwischen dem verfügbaren Cashflow und dem Investitionsbedarf eines Unternehmens gilt in diesem Fall als ausschüttungsfähig. Dieser Betrag wird auch Free Cashflow genannt.[135] Zu beachten ist allerdings, dass der Free Cashflow nicht nur Eigenkapitalgebern sondern auch Fremdkapitalgebern zur Verfügung steht.[136]

---

[132] Vgl. Guserl, Pernsteiner (2011) S. 127 f.
[133] Vgl. Weber (2004) S. 54; Kranebitter (2007) S. 143 f.; Kruschwitz (2004) S. 255; Seppelfricke (2007) S. 78 f.; zitiert nach Guserl, Pernsteiner (2011) S. 128 f.
[134] Vgl. Schierenbeck, Lister (2002) S.90.
[135] Vgl. Drukarczyk, Schüler (2009) S. 92 und Behringer (2010) S. 165.
[136] Vgl. Matschke, Brösel (2005) S.565.

Der Free Cashflow berechnet sich folgendermaßen:[137]

$EBIT$
$-\,Steuern$
$=\,Operatives\ Ergebnis\ vor\ Zinsen\ und\ nach\ Steuern$
$+\,Abschreibungen$
$+\,Erhöhung\ (-Verminderung)\ der\ Rückstellungen$
$=\,Bruto\ Cashflow$
$-\,Investitionen$
$\pm\,Veränderung\ des\ Working\ Capital$
$\qquad$**$Free\ Cashflow$**

Im Folgenden wird der Free Cashflow anhand einer vereinfachten Darstellung des Siemens Konzernabschlusses aus dem Jahre 2013 anschaulich berechnet.

GuV

in Mio. €	2013	2012
angepasstes EBITDA	8.215	9.613
Abschreibungen lt. Erläuterungen	-2.888	-2.818
angepasstes EBIT	5.327	6.795
Finanzergebnis	712	-519
EBT	6.039	6.276
Ertragsteuern lt. Konzern GuV	-1.630	-1.994
Jahresüberschuss lt. Konzern GuV	4.409	4.282

Abbildung 10: Gewinn und Verlustrechnung der Siemens AG 2012 und 2013
Quelle: Eigene Darstellung, Daten aus dem Konzernbericht der Siemens AG aus dem Jahre 2013

Das angepasste Earnings Before Interest, Taxes, Depreciation and Amortization (EBITDA) sowie die Abschreibungen wurden aus den Erläuterungen zum Jahresabschluss genommen. Das angepasste Earnings Before Interest and Taxes (EBIT) berechnet sich folglich aus der Differenz zwischen angepasstem EBITDA und Abschreibungen. Der Jahresüberschuss in Höhe von 4,4 Milliarden Euro sowie die Ertragsteuern von 1,6 Milliarden Euro wurden aus der Konzern GuV entnommen. Aus diesen Daten wurde das Earnings Before Taxes (EBT) und das Finanzergebnis als Differenzposten errechnet. Ein konsequentes Zurückrechnen mit den Daten aus der GuV vom Jahresüberschuss bis zum EBITDA ist nicht

---

[137] Vgl. Ernst et al. (2012) S. 66.

ohne weiteres möglich, da nicht einsehbare Anpassungen von der Firmenleitung und dem Rechnungswesen vorgenommen wurden.

Als nächstes werden die Bilanzen der Geschäftsjahre 2012 und 2013 benötigt, um die Investitionen, Rückstellungen und das Working Capital zu berechnen (siehe Abbildung 11).

Bilanz

in Mio. €	2013	2012
Anlagevermögen	54.999	56.123
Vorräte	15.560	15.679
Forderungen	14.853	15.220
sonstige Vermögensgegenstände	6.733	9.814
Kasse	9.791	11.415
Aktiva	**101.936**	**108.251**
Gezeichnetes Kapital	2.643	2.643
Gewinnvortrag	1.653	0
Jahresüberschuss	4.409	4.282
Ergebnisausschüttung	2.694	2.629
Sonstige Eigenkapitalbestände	17.226	21.870
Eigenkapital	28.625	31.424
Pensionsrückstellungen	9.265	9.801
Sonstige langfristige Verbindlichkeiten	7.669	7.519
Sonstige Rückstellungen	4.485	4.750
Verbindlichkeiten aus Lieferung und Leistung	7.599	8.036
Sonstige kurzfristige Verbindlichkeiten	25.784	29.841
Finanzverbindlichkeiten	18.509	16.880
Fremdkapital	73.311	76.827
Passiva	**101.936**	**108.251**

Abbildung 11: Konzernbilanz der Siemens AG der Jahre 2012 und 2013
Quelle: Eigene Darstellung, Daten aus dem Konzernbericht der Siemens AG aus dem Jahre 2013

Die zur Berechnung des Free Cashflows erforderlichen Daten wurden aus der Konzernbilanz entnommen. Um die Bilanz zu verschlanken, wurden nicht zwangsweise benötigte Positionen zusammengefasst. Da zum Beispiel die Unterpositionen des Anlagevermögens nicht relevant sind, wurde nur die gesamte Summe des Anlagevermögens von 2012 und 2013 übernommen. Weiterhin wurde auf der Passiva-Seite das Eigenkapital nur in die Positionen gezeichnetes Kapital, Gewinnvortrag, Jahresüberschuss und Ergebnisausschüttung unterteilt.

Die weiteren Positionen wurden den sonstigen Eigenkapitalbeständen zugerechnet. Der Gewinnvortrag aus dem Jahre 2011 in das Jahr 2012 wurde auf 0 gesetzt, da er nicht mehr aus dem Konzernabschluss 2013 ersichtlich ist.

Die Fremdkapitalpositionen wurden in Pensionsrückstellungen, sonstige langfristige Verbindlichkeiten, sonstige Rückstellungen, Verbindlichkeiten aus Lieferung und Leistung, sonstige kurzfristige Verbindlichkeiten und Finanzverbindlichkeiten unterteilt.

Mit Hilfe der Bilanz kann nun eine Bilanzanalyse erfolgen und die Veränderung des Working Capital vom Jahr 2012 zu 2013 berechnet werden (siehe Abbildung 12).

Veränderung Working Capital 2012 zu 2013

in Mio. €	2013
Vorräte	119
Forderungen	367
Sonstige Vermögensgegenstände	3.081
Veränderung Aktiva	*5.580*
Sonstige Rückstellungen	-265
Verbindlichkeiten aus Lieferung und Leistung	-437
Sonstige kurzfristige Verbindlichkeiten	-4.057
Veränderung Passiva	*-4.759*
Working Capital Veränderung	**821**

Abbildung 12: Veränderung des Working Capital der Siemens AG von 2012 zu 2013
Quelle: Eigene Darstellung in Anlehnung an Stemmermann (2013) S. 218. Daten aus dem Konzernbericht der Siemens AG aus dem Jahre 2013

Durch die Abnahme der Vorräte, Forderungen und sonstigen Vermögensgegenstände auf der Aktiva-Seite wurde Liquidität freigesetzt, die sich positiv auf den Free Cashflow auswirkt. Aus diesem Grund werden die Positionen mit negativem Vorzeichen in die Working Capital Berechnung aufgenommen. Bei den Positionen auf der Passiva verhält es sich genau umgekehrt. Zum Beispiel ist durch die Abnahme der Verbindlichkeiten die Liquidität gesunken, da ein Geldfluss zum Lieferanten ausgelöst wurde.

Mithilfe der Daten aus der GuV und der Working Capital Veränderung lässt sich nun der Free Cashflow für das Jahr 2013 berechnen (Abbildung 13).

Free Cashflow

in Mio. €	2013
Jahresüberschuss	4.409
Finanzergebnis	-712
Abschreibungen	-2.888
Brutto Cashflow	8.009
Investitionen lt. Kapitalflussrechnung	-5.076
Veränderung des Working Capital	**821**
Free Cashflow	3.754

Abbildung 13: Berechnung des Free Cashflows der Siemens AG
Quelle: Eigene Darstellung, Daten aus dem Konzernbericht der Siemens AG aus dem Jahre 2013

Da das EBIT nicht direkt im Jahresabschluss angegeben ist, wurde die Kalkulation ausgehend vom Jahresüberschuss begonnen. Die Rückstellungen wurden bereits in der Berechnung der Veränderung des Working Capital berücksichtigt, wodurch diese bei der eigentlichen Free Cashflow Berechnung ausgeklammert bleiben. Die Investitionen in Höhe von rund 5 Milliarden Euro entstammen der Kapitalflussrechnung des Konzernberichts 2013. In Summe ergibt sich somit für die Siemens AG ein Free Cashflow in Höhe von 3,7 Milliarden Euro. Dieser Betrag kann nun der Gewinnthesaurierung, der Rückzahlung von Verbindlichkeiten oder der Ausschüttung an die Eigenkapitalgeber (Aktionäre) dienen.

Hieraus lässt sich der Effekt einer Reduzierung des Working Capital sehr gut erkennen. Durch ein effektiv geführtes WCM ergibt sich daraus eine Liquiditätsfreisetzung, welche eine direkte Erhöhung oder Verminderung in gleicher Höhe des Free Cashflow zur Folge hat. Gerade für kapitalmarktorientierte Unternehmen ist es wichtig, einen möglichst hohen Free Cashflow zu erzielen, um eine möglichst hohe Dividendenauszahlung finanzieren zu können.

Mittels eines „Cross Checks" kann nun überprüft werden, ob die Berechnung Fehler enthält (siehe Abbildung 14).[138]

---

[138] Vgl. Stemmermann (2013) S. 219.

Cross Check

in Mio. €	2013
Free Cashflow	3.754
Finanzergebnis	712
Ergebnisausschüttung	-2.694
Veränderungen Finanzverbindlichkeiten lt. Kapitalfluss-rechnung	-3.396
Veränderung Kasse	1.624
Summe	-3.754
Cross Check	0

Abbildung 14: Cross Check zur Überprüfung des Free Cashflows
Quelle: Eigene Darstellung in Anlehnung an Stemmermann (2013) S. 219. Daten aus dem Konzernbericht der Siemens AG aus dem Jahre 2013

Durch den Cross Check wird die Verwendung der zur Verfügung stehenden Mittel dem Free Cashflow gegenübergestellt. Ergibt sich als Summe eine 0, so geht die Berechnung auf und es ist kein Fehler unterlaufen.

7. Zusammenfassung

Die zentrale Fragestellung „*Welche Optimierungsmöglichkeiten und Einflüsse auf den EVA sowie den Free Cashflow bietet ein aktiv geführtes Working Capital Management für Unternehmen?*" lässt sich im folgenden Abschnitt zusammenfassen.

Zuerst definierte die Arbeit zwei unterschiedliche Definitionen des Working Capital. Anschließend wurde auf die Cash-Conversion-Cycle-Time eingegangen. Diese gibt die Kapitalbindungsdauer wieder, indem zu der durchschnittlichen Vorratshaltung (DIO) die Forderungslaufzeit (DSO) addiert wird und hiervon die Verbindlichkeitenreichweite (DPO) subtrahiert wird. Eine Studie von Roland Berger aus dem Jahre 2012 verdeutlicht, dass Großunternehmen tendenziell eine kürzere Cash-Conversion-Cycle-Time besitzen. Das größte Verbesserungspotential besteht bei den Kleinunternehmen, welche eine durchschnittliche Kapitalbindungsdauer von 71 Tagen haben.

In Kapitel 4 ging es um die Möglichkeiten, das Working Capital zu optimieren und zu reduzieren.

Anfangs wurden die Optimierungsmöglichkeiten der Bestände untersucht. Diese umfassen Roh-, Hilfs- und Betriebsstoffe sowie unfertige und fertige Erzeugnisse. Zur Optimierung gibt es zum einen Ansätze zur bedarfsgerechten Produktion, die Überbestände vermeiden. Im Wesentlichen ging es bei diesem Abschnitt darum wie eine möglichst genaue Bedarfsprognose ermöglicht werden kann. Zum anderen wurden beim Bestandsmanagement Einkaufsaspekte als Schlüsselfaktoren zur Reduzierung der Bestände aufgezeigt. Die größten Potentiale waren die Bedarfsbündelung, Single-, Dual-, Multiple Sourcing, Just-in-Time-Konzept und das Vendor-Managed-Inventory.

Als nächstes wurde auf das Thema Forderungsmanagement eingegangen, um die Position der Forderungen effektiv zu reduzieren. Möglich wird dies durch ein konsequent geführtes Mahnwesen, damit die Schuldner nicht unentdeckt in Zahlungsverzug geraten. Weiterhin besteht durch Factoring und Forfaitierung die Möglichkeit, Forderungen zur Gänze zu verkaufen, wodurch sich nicht nur die Cash-Conversion-Cycle-Time und das Working Capital signifikant reduzieren, sondern auch das Risiko des Zahlungsausfalls wegfällt.

Die letzte Stellschraube zur Optimierung des Working Capital ist das Verbindlichkeitsmanagement. Hierbei geht es im Gegensatz zu den anderen beiden Steuerungsinstrumenten darum, die Verbindlichkeiten möglichst hoch zu halten, um einen Liquiditätsabfluss hinauszuzögern. Realisierbar ist dies hauptsächlich durch die Verhandlung längerer Zahlungsziele durch den Einkauf.

Das fünfte Kapitel geht auf den Einfluss der Optimierung des Working Capital auf die Eigenkapitalquote und den Economic Value Added ein. Durch die Reduzierung der Working Capital Positionen und somit des Umlaufvermögens der Bilanz wird bei gleichbleibendem Eigenkapital die Eigenkapitalquote erhöht. Weiterhin reduzieren sich somit die Kapitalkosten, da sich weniger gebundenes Kapital im Unternehmen befindet. Dieser Effekt spiegelt sich in einem gesteigerten Economic Value Added wider. Diese Kennzahl zählt zu den wertorientierten Kennzahlen eines Unternehmens und spielt eine wichtige Rolle bei der Steigerung des Shareholder Values.

Das letzte Kapital erläutert die Kalkulation des Free Cashflow und die Bedeutung des Working Capital für die Berechnung. Es stellte sich heraus, dass die Veränderung des Working Capital vom Vorjahr zum aktuellen Geschäftsjahr einen direkten Einfluss auf den Free Cashflow hat. Erhöht sich das Working Capital, so vermindert sich durch die gesteigerte Kapitalbindung der Free Cashflow. Vermindert sich das Working Capital, so steigert es den Free Cashflow.

Abschließend lässt sich feststellen, dass das Working Capital Management in Zukunft eine noch größere Bedeutung für die Unternehmen bekommen wird. Gerade im Bereich der klein- und mittelständischen Unternehmen besteht noch erhebliches Verbesserungspotential.

Literaturverzeichnis

Arndt, H. (2010). *Supply Chain Management: Optimierung logistischer Prozesse.* Wiesbaden: Gabler Verlag.

Behringer, S. (2010). *Cash-flow und Unternehmensbeurteilung: Berechnungen und Anwendungsfelder für die Finanzanalyse.* Berlin: Erich Schmidt Verlag.

Buzacott, J., Corsten, H., Gössinger, R., & Schneider, H. (2010). *Produktionsplanung und -steuerung: Grundlagen, Konzepte und integrative Entwicklungen.* München: Oldenburg Verlag.

Controllingportal. (29. 12 2014). Von Working Capital ratio: http://www.controllingportal.de/Fachinfo/Grundlagen/Kennzahlen/working_capit al_ratio.html abgerufen

Deloitte. (03. September 2014). Von Working Capital 2013: http://www.deloitte.com/assets/Dcom-UnitedKingdom/Local%20Assets/Documents/Market%20insights/uk-mi-working-capital.pdf abgerufen

Drukarczyk, J., & Schüler, A. (2009). *Unternehmensbewertung.* München: Vahlen Verlag.

Ernst, D., Amann, T., Großmann, M., & Lump, D. (2012). *Internationale Unternehmensbewertung.* München: Pearson Verlag.

Guserl, R., & Pernsteiner, H. (2011). *Finanzmanagement: Grundlagen - Konzepte - Umsetzung.* Wiesbaden: Gabler Verlag.

Heß, G. (2010). *Supply-Strategien in Einkauf und Beschaffung: Systematischer Ansatz und Praxisfälle.* Wiesbaden: Gabler Verlag.

Hibler, T., & Müllner, M. (2007). *Factoring von A bis Z: Was Sie schon immer über Forderungsfinanzierung wissen wollten.* Wien: Linde Verlag.

Hofmann, H., Maucher, D., Piesker, S., & Richter, P. (2011). *Wege aus der der Working Capital Falle: Steigerung der Innenfinanzierungskraft durch modernes Supply Management.* Berlin, Heidelberg: Springer Verlag.

Karsten, W. K. (2001). Factoring und Forfaitierung - Alternativen der Fremdfinanzierung. In R.-E. Breuer, *Handbuch Finanzierung* (S. 401-437). Wiesbaden: Gabler Verlag.

Kiener, S., Maier-Scheubeck, N., Obermaier, R., & Weiß, M. (2009). *Produktions-Management: Grundlagen der Produktionsplanung und -steuerung.* München: Oldenburg Verlag.

Klepzig, H.-J. (2014). *Working-Capital und Cash Flow: Finanzströme durch Prozessmanagement optimieren.* Wiesbaden: Gabler Verlag.

KPMG. (03. September 2014). Von Working Capital Management im deutschen Maschinen- und Anlagenbau: https://www.kpmg.de/docs/080219_Working_Capital_Management_im_Maschinen-_und_Anlagenbau.pdf abgerufen

Krampe, H., Lucke, H.-J., & Schenk, M. (2012). *Grundlagen der Logistik: Theorie und Praxis logistischer Systeme.* München: HUSS Verlag.

Krampf, P. (2012). *Beschaffungsmanagement: Eine praxisorientierte Einführung in Einkauf und Materialwirtschaft.* München: Vahlen Verlag.

Lachnit, L., & Müller, S. (2006). *Unternehmenscontrolling: Managementunterstützung bei Erfolgs-, Finanz-, Risiko-, und Erfolgspotenzialsteuerung.* Wiesbaden: Gabler Verlag.

Matschke, M. J., & Brösel, G. (2005). *Unternehmensbewertung: Funktionen - Methoden - Grundsätze.* Wiesbaden: Gabler Verlag.

Mayer, H., Seraphim, K., Nielsen, N., Borgel, G., & Reischauer, D. (1997). Wirtschaftliche Aspekte des Factoring. In K. F. Hagenmüller, *Handbuch des nationalen und internationalen Factoring* (S. 106-149). Frankfurt am Main: Knapp Verlag.

Mensch, G. (2008). *Finanz-Controlling: Finanzplanung und -kontrolle.* München: Oldenbourg Verlag.

Meyer, C. (2007). *Working Capital und Unternehmenswert: Eine Analyse zum Management der Forderungen und Verbindlichkeiten aus Lieferungen und Leistungen.* Wiesbaden: Deutscher Universitäts-Verlag.

Mirsalon. (02. 12 2014). Von http://www.mirsalon.com/images/EVA_Treiberbaum.gif abgerufen

Müller, R. H. (2013). *Erfolgreiches Forderungsmanagement: Effektive Lösungen unter Berücksichtigung der SEPA-Umstellung.* Wiesbaden: Springer Verlag.

Müller-Wiedenhorn. (2006). *Praxishandbuch Forderungsmanagement: Juristisches Know-how für Manager und Führungskräfte.* Wiesbaden: Gabler Verlag.

Ohne Verfasser. (2. 12 2014). *Wirtschaftslexikon24.* Von http://www.wirtschaftslexikon24.com/d/return-on-capital-employed-roce/return-on-capital-employed-roce.htm abgerufen

Pape, U. (2009). Wertorientierte Unternehmensführung. In K. Serfling, *Wertorientierte Unternehmensführung* (S. 134). Berlin: Verlag Wissenschaft & Praxis.

Roland Berger. (03. September 2014). Von Cash for Growth: Wachstum finanzieren - Working Capital optimieren: http://www.rolandberger.de/media/pdf/Roland_Berger_Working_Capital_Manag ement_20131122.pdf abgerufen

Roland Berger, Creditreform. (03. September 2014). Von Durch optimiertes Working Capital Management könnte der Mittelstand ein Liquiditätspotenzial von 87 Milliarden Euro freisetzen: http://www.rolandberger.de/pressemitteilungen/513-press_archive2013_sc_content/Optimiertes_Working_Capital_fuer_Mittelstand. html abgerufen

Schierenbeck, H., & Lister, M. (2002). *Value Controlling: Grundlagen Wertorientierter Unternehmensführung*. München: Oldenbourg Verlag.

Schneider, K. (2010). *Professionelles Forderungsmanagement: Rechtliche Grundlagen und Praxis des Inkassogeschäfts*. Stuttgart: Schäffer-Poeschel Verlag.

Schuh, G. (2006). *Produktionsplanung und -steuerung: Grundlagen, Gestaltung und Konzepte*. Berlin, Heidelberg: Springer Verlag.

Schulz, E. (2007). *Business Excellence durch aktives Asset Management: "Focus on Cash"*. Wien: Linde Verlag.

Sidki, M. (2013). *Asset-Backed-Securities: Eine Agency-theoretische Einordnung und Analyse zur Anwendung im kommunalen Sektor*. Wiesbaden: Springer Gabler Verlag.

Statista. (02. 12 2014). *Statista*. Von http://de.statista.com/statistik/daten/studie/77722/umfrage/rendite-von-zehnjaehrigen-staatsanleihen-nach-europaeischen-laendern/ abgerufen

Stemmermann, K. (2013). *Controlling II: Arbeitsunterlagen zur Vorlesung*. Nürnberg.

von Wuntsch, M., & Bach, S. (2012). *Wertorientierte Steuerplanung und Unternehmensführung in der globalen Wirtschaft*. München: Oldenbourg Verlag.

Wannenwetsch, H. (2007). *Integrierte Materialwirtschaft und Logistik: Beschaffung, Logistik, Materialwirtschaft und Produktion*. Berlin, Heidelberg: Springer Verlag.

Weber, J., Bramsemann, C., & Hirsch, B. (2004). *Wertorientierte Unternehmenssteuerung: Konzepte - Implementierung - Praxisstatements*. Wiesbaden: Gabler Verlag.

Wildemann, H. (2010). *Asset Management und Working Capital Controlling, Leitfaden zur Wertsteigerung von Unternehmen*. München: TCW-Verlag.

Wolf, B., Hill, M., & Pfaue, M. (2011). *Strukturierte Finanzierungen: Grundlagen des Corporate Finance, Technik der Projekt- und Buy-out-Finanzierungen, Asset-Backed-Strukturen*. Stuttgart: Schäffer-Poeschel Verlag.

Zantow, R., & Dinauer, J. (2011). *Finanzwirtschaft des Unternehmens: Die Grundlagen des modernen Finanzmanagements*. München: Pearson Studium Verlag.